论中国经济发展理念

汪海波 ◎ 著

山西出版传媒集团
SHANXI PUBLISHING MEDIA GROUP

山西经济出版社

## 图书在版编目（ＣＩＰ）数据

论中国经济发展理念 / 汪海波著. -- 太原：山西经济出版社，2023.10
ISBN 978-7-5577-1199-3

Ⅰ. ①论… Ⅱ. ①汪… Ⅲ. ①中国经济—经济发展—研究 Ⅳ. ①F124

中国国家版本馆CIP数据核字（2023）第206470号

### 论中国经济发展理念

著　　者：汪海波
出 版 人：张宝东
策 划 人：李慧平
责任编辑：李春梅
特约编辑：解荣慧
助理责编：王　琦
装帧设计：华胜文化
封面设计：邵建文　马倬麟
出 版 者：山西出版传媒集团·山西经济出版社
地　　址：太原市建设南路21号
邮　　编：030012
电　　话：0351—4922133（市场部）
　　　　　0351—4922085（总编室）
E-mail：scb@sxjjcb.com（市场部）
　　　　　zbs@sxjjcb.com（总编室）
经 销 者：山西出版传媒集团·山西经济出版社
承 印 者：山西出版传媒集团·山西人民印刷有限责任公司
开　　本：880mm×1230mm　　1/32
印　　张：5.125
字　　数：74千字
印　　数：1-3000册
版　　次：2023年10月　第1版
印　　次：2023年10月　第1次印刷
书　　号：ISBN 978-7-5577-1199-3
定　　价：26.00元

# 导　论

习近平总书记在党的历史上第一次提出新发展理念这一科学概念，并就此做了系统的深入的分析，成为习近平新时代中国特色社会主义思想的重要组成部分。同时，意味着新发展理念是党的执政理念的重要组成部分。

习近平总书记提出的新发展理念包含广泛的内容，这里只提及其中的基本要点。

他强调发展理念对党的事业成败的重要性。理念是行动的先导，一定的发展实践都是由一定的发展理念来引领的。发展理念是否对头，从根本上决定着发展成效乃至成败。

同时指出："发展是一个不断变化的过程，发展环境不会一成不变，发展条件不会一成不变，发展理念自然也不会一成不变。"

他还指出："正确认识党和人民事业所处的历史方位和发展阶段，是我们党明确阶段性中心任务、制定路线方针政策的根本依据，也是我们党领导革命、建设、改革不断取得胜利的重要经验。"党的十八大以来，中国特色社会主义进入新时代。由这个新时代决定的新发展理念就是"创新、协调、绿色、开放、共享的发展理念，强调创新发展注重的是解决发展动力问题，协调发展注重的是解决发展不平衡问题，绿色发展注重的是解决人与自然和谐问题，开放发展注重的是解决发展内外联动问题，共享发展注重的是解决社会公平正义问题。"

他还强调："新发展理念是一个系统的理论体系，回答了关于发展的目的、动力、方式、路径等一系列理论和实践问题，阐明了我们党关于发展的政治立场、价值导向、发展模式、发展道路等重大政治问题。全党必须完整、准确、全面贯彻新发展理念。"①

---

① 详见习近平：《把握新发展阶段，贯彻新发展理念，构建新发展格局》，《求是》2021年第9期。

　　这样，就上述内容可以做出结论：习近平总书记提出的新发展理念为探讨新中国各个发展阶段上的发展理念，提供了一个全新的范例。

　　但这个范例也像世界上任何事物一样，都是矛盾的普遍性和特殊性的统一。关于这一点，毛泽东在马克思主义哲学发展史上第一次做了系统的说明。他指出："矛盾的普遍性和矛盾的特殊性的关系，就是矛盾的共性和个性的关系。其共性是矛盾存在于一切过程中，并贯穿于一切过程的始终……这是共通的道理，古今中外，概莫能外。所以它是共性，是绝对性。然而这种共性，即包含于一切个性之中，无个性即无共性。假如除去一切个性，还有什么共性呢？因为矛盾的各各特殊，所以造成了个性。一切个性都是有条件地暂时地存在的，所以是相对的。

　　"这一共性个性、绝对相对的道理，是关于事物矛盾的问题的精髓，不懂得它，就等于抛弃了辩证法。"①

　　本书就是依据这个矛盾的普遍性和矛盾的特殊性的基

---

　　①《毛泽东选集》第一卷，人民出版社，1991，第319-320页。

本原理，以习近平新时代中国特色社会主义思想关于新发展理念为根本遵循，并从新中国经济发展各个阶段的具体情况出发，考察其各具特色的经济发展理念。

笔者之所以要对新中国成立后各个发展阶段的经济发展理念做分析，不仅是因为这个问题重要，而当前我国学界对此还缺乏深入研究，而且是因为笔者有与已出版著作配套的需要。笔者于2019年出版过史学著作《中国经济70年》[①]。这本书仅限于对新中国成立后70年经济发展过程的描述，没有也不可能对这个过程的深层次原因做深入分析。这方面的深层次原因也涉及多方面，重要的有两点：一是作为这70年经济发展根本动力的经济变革；二是作为这期间经济发展指导思想的经济发展理念。为了弥补这两方面的缺陷，笔者又出版了《论中国经济变革》，现在再出版《论中国经济发展理念》。这些设想是否妥当，还期待学界同仁的指教。

按照笔者的体会，经济发展理念是以发展社会生产力

---

① 此书由山西经济出版社2019年出版。

为中心的。但生产力、生产关系和上层建筑是一个矛盾统一体，三者是互为条件、相互联系和相互作用的。因此，笔者在论述经济发展理念时，是以发展生产力为中心，但同时又涉及作为推动生产发展根本动力的生产关系的变革，还涉及促进生产发展的上层建筑的作用。

# 第 一 章

CHAPTER 1

## 中国新民主主义社会的经济发展理念

（1949—1952年）

# 第一节

## 新民主主义社会经济发展理念的发展过程

相对于后述的各个阶段（包括从新民主主义社会到社会主义社会过渡时期的社会、传统社会主义社会、中国特色社会主义社会和新时代中国特色社会主义社会）的经济发展理念来说，新民主主义社会经济发展理念的发展有一个重要特点，就是经历了一个较长的历史过程。

这一点是同中国新民主主义革命的特点相联系的。中国新民主主义革命是在中国共产党的领导下，先在农村建立革命根据地，逐步扩大革命根据地，最后夺取全国政权，完成新民主主义革命，建立新民主主义社会，前后经历了22年的时间（1928—1949年）。

　　与此相联系，新民主主义社会的经济发展理念的发展，也经历了这样长的时间。在这样长的时间内经历了不同的发展阶段。但在各个发展阶段中，由于斗争形势变化，党的指导思想是有变化发展的，这同时意味着在各个阶段的发展理念是有变化的。

　　从建立新民主主义社会经济发展理念的视角考察，这22年大体经历了四个阶段。

　　**第一阶段：第一次国内革命战争时期的经济发展理念（1928—1937年）。**

　　这期间是革命根据地开始建立的时期。在马克思主义发展史上发生了一个从来没有发生过的，广大革命群众并不理解，但又关系革命成败的决定性问题，即革命根据地的建立和发展，必须以根据地的建设发展作为根本条件。

　　作为中国化的马克思主义首创者毛泽东及时给予科学的回答。他旗帜鲜明地指出："革命战争的激烈发展，要求我们动员群众，立即开展经济战线上的运动，进行各项必要和可能的经济建设事业。为什么？现在我们的一切工作，都应当为着革命战争的胜利，首先是粉碎敌人第五次

'围剿'的战争的彻底胜利；为着争取物质上的条件去保障红军的给养和供给；为着改善人民群众的生活，由此更加激发人民群众参加革命战争的积极性；为着在经济战线上把广大人民群众组织起来，并且教育他们，使战争得着新的群众力量；为着从经济建设去巩固工人和农民的联盟，去巩固工农民主专政，去加强无产阶级的领导。为着这一切，就需要进行经济方面的建设工作。这是每个革命工作人员必须认识清楚的。"①

这样，毛泽东就极其深刻地揭示了革命根据地经济建设的极端重要性。

毛泽东还依据马克思主义的基本原则和革命根据地的具体情况，系统揭示了这期间革命根据地经济发展理念的一系列基本问题。

第一，确定了这期间革命根据地经济建设的目的。毛泽东指出："我们的经济政策的原则，是进行一切可能的和必须的经济方面的建设，集中经济力量供给战争，同时

---

①《毛泽东选集》第一卷，人民出版社，1991，第119页。

极力改良民众的生活，巩固工农在经济方面的联合，保证无产阶级对于农民的领导，争取国营经济对私人经济的领导，造成将来发展到社会主义的前提。"①这样，毛泽东就全面揭示了革命根据地经济建设在经济和政治以及现实和将来的目的和意义。

第二，规划了这期间革命根据地的国民经济所有制构成。毛泽东提出："现在我们的国民经济，是由国营事业、合作社事业和私人事业这三方面组成的。"②强调"尽可能地发展国营经济和大规模地发展合作社经济，应该是与奖励私人经济发展，同时并进的。"③

第三，确定了这期间国民经济各部门在革命根据地经济建设中的地位和作用，以及政府需要实行的政策。

——强调"在目前的条件下，农业生产是我们经济建设工作的第一位，它不但需要解决最重要的粮食问题，而且需要解决衣服、砂糖、纸张等项日常用品和原料即棉、

---

① 《毛泽东选集》第一卷，人民出版社，1991，第130页。
② 同上书，第133页。
③ 同上书，第134页。

麻、蔗、竹等的供给问题。森林的培养、畜产的增殖，也是农业的重要部分"。

——提出"有计划地恢复和发展手工业和某些工业"。

——提出在革命根据地内部要"有广泛的市场"。同时要有计划地组织根据地和国民党统治区的贸易。

——提出"从发展国民经济来增加我国财政的收入，是我们财政政策的基本方针"[1]。

——提出"国家银行发行纸币，基本上应该根据国民经济发展的需要，单纯财政的需要只能放在次要的地位"[2]。

第四，提出了这期间革命根据地在发展经济建设方面要实行适度的计划。指出"在小农经济的基础上面，对于某些重要农产作出相当的生产计划，动员农民为着这样的计划而努力，这是容许的，而且是必须的"。还提出"在散漫的手工业基础上，全部的精密计划当然不可能。但是关于某些主要的事业，首先是国家经营和合作社经营的事业，相当精密的生产计划，却是完全必需的"[3]。

---

[1]《毛泽东选集》第一卷，第131页。
[2] 同上书，第132页。
[3] 同上书，第134页。

上述情况表明：尽管这期间还是处于革命根据地发展的经济建设的初期，但毛泽东已经勾画出新民主主义社会的经济发展理念的雏形。在这方面打下了重要的基础。这不仅指导了当时革命根据地经济建设事业的发展，而且对后述的各个时期的新民主主义社会的经济建设事业也产生了重要作用。

第二阶段：抗日战争时期革命根据地的经济发展理念（1937—1945年）。

这个时期的经济发展理念，从各个方面反映了抗日战争这个基本特点。但它像任何事物一样，都是矛盾特殊性和一般性的统一。这里着重论述毛泽东在这个时期提出的经济发展理念。

第一，毛泽东提出这个时期发展经济的根本目的，从主要方面来说，就是"发展经济，保障供给"。这是当时革命根据地的经济工作的总方针。这里说的"发展经济"就是发展抗日革命根据地的经济。"保证供给"就是保证抗日战争革命根据地党政机关的需要。

为了实现这个根本目的，毛泽东严肃批判了在经济和财政的关系方面的错误观点，科学地论证了这两方面的辩证关系。指出："财政政策的好坏固然足以影响经济，但是决定财政的却是经济。未有经济无基础而可以解决财政困难的，未有经济不发展而可以使财政充裕的。"①

为了实现上述的生产目的，还需着重提到为了克服这期间的财政困难并突出反映抗日战争时期经济发展理念特点的两次政策。

一是精兵简政。在抗日战争初期，党领导的军政机关的费用支出与根据地人民提供的物资供应，也存在供不应求的矛盾，但并不十分尖锐。但到20世纪40年代初，一方面与党政军机构的扩大相联系，这方面的支出费用大大增加；另一方面与当时根据地的缩小相联系，物资供应又趋于显著缩小。这就使得这方面矛盾达到了极其尖锐的程度。解决这个矛盾是克服这方面困难、取得抗日战争胜利的一个根本途径。在当时条件下，精兵简政又是解决这一矛盾唯一可行的有效途径。所以毛泽东把它称为"极重要的政策"。

———————————

① 《毛泽东选集》第三卷，人民出版社，1991，第891页。

二是生产运动。基于上述同样的原因，在20世纪40年代初，毛泽东提出革命根据地党政军机关实行自己动手、克服当时困难的大规模生产运动。其范围包括公私农业、工业、手工业、运输业、畜牧业和商业，而以农业为主体。实行国家计划，劳动互助。奖励劳动英雄，举行生产竞赛，发展为群众服务的合作社。

这些发展政策在古今中外都是罕见的。在当时的具体条件下，是保证抗日战争持续推进，最终取得完全胜利的一个极其重要的办法。

第二，毛泽东依据革命根据地发展实践经验总结，进一步明确规定了新民主主义社会国民经济所有制构成。指出："大银行、大工业、大商业，归这个共和国的国家所有。……在无产阶级领导的新民主主义共和国的国营经济是社会主义的性质，是整个国民经济的领导力量，但这个共和国并不没收其他资本主义的私有财产，并不禁止'不能操纵国民生计'的资本主义生产的发展，这是因为中国经济还十分落后的缘故。

"这个共和国将采取某种必要的方法，没收地主的土地，分配给无地和少地的农民，……扫除农村中的封建关系，把土地变为农民的私产。农村的富有经济，也是允许其存在的。"

这就明确揭示了新民主主义社会国民经济所有制构成，即占领导地位的国营经济、在农村占主要地位的个体农民经济和中小资本主义经济。

与国民经济所有制构成相联系，毛泽东同时指出："自然，这些阶级之间仍然是有矛盾的，例如劳资之间的矛盾，就是显著的一种；因此，这些阶级各有一些不同的要求。……但是，这种矛盾，这种不同的要求，在整个新民主主义的阶段上，不会也不应该使之发展到超过共同要求之上。这种矛盾和这种不同的要求，可以获得调节。在这种调节下，这些阶级可以共同完成新民主主义国家的政治、经济和文化的各项建设。"①

第三，毛泽东还提出了"新民主主义社会实现由农业国到工业国的任务"。"就整个说来，没有一个独立、自

①《毛泽东选集》第三卷，人民出版社，1991，第1056页。

由、民主和统一的中国，不可能发展工业。……没有工业，便没有巩固的国防，便没有人民的福利，便没有国家富强。"①强调"在新民主主义的政治条件获得之后，中国人民及其政府必须采取切实的步骤，在若干年内逐步地建立重工业和轻工业，使中国由农业国变为工业国。新民主主义的国家，如无巩固的经济做它的基础，如无进步的比较现时发达得多的农业，如无大规模的在全国经济比重上占极大优势的工业以及与此相适应的交通、贸易、金融等事业做它的基础，是不能巩固的。"②

第四，毛泽东肯定了当时变工队一类的农业合作组织在农业生产中的作用。指出："变工队一类的合作组织，原来在农民中就有了的，但在那时，不过是农民救济自己悲惨生活的一种方法。现在中国解放区的变工队，其形式和内容都起了变化；它成了农民群众为着发展自己的生产，争取富裕生活的一种方法。"③

---

① 《毛泽东选集》第三卷，人民出版社，1991，第1080页。
② 同上书，第1081页。
③ 同上书，第1078-1079页。

第五，毛泽东还提出和发展了历史唯物主义的一个基本原理。指出："中国一切政党的政策及其实践在中国人民中所表现的作用的好坏、大小，归根结底，看它对于中国人民的生产力的发展是否有帮助及其帮助之大小，看它是束缚生产力的，还是解放生产力的。"[①]

毛泽东在这期间提出的经济发展理念，不仅指导抗日战争取得了最终胜利，而且具有更为深远的意义。

**第三阶段：第三次国内革命战争时期的经济发展理念（1946—1949年）。**

这个时期是新民主主义革命战争的最后阶段，是实现和完成新民主主义武装革命，夺取全国政权，建立新民主主义国家的时期。这个时期的特点，迫切需要进一步回答新中国成立后面临的一系列革命和建设任务的问题。历史表明：毛泽东胜利地圆满地完成了这个任务。

第一，毛泽东依据历史唯物论，揭示了作为解决这个问题基本出发点的半殖民地半封建社会中国生产力的实际

①《毛泽东选集》第三卷，人民出版社，1991，第1079页。

状况。指出："中国的工业和农业在国民经济中的比重，就全国范围来说，在抗日战争以前，大约是现代性的工业占百分之十左右，农业和手工业占百分之九十左右。这是帝国主义制度和封建制度压迫中国的结果，这是旧中国半殖民地半封建社会性质在经济上的表现，这也是中国革命的时期内和在革命胜利以后一个相当长的时期内一切问题的基本出发点。从这一点出发，产生了我党一系列战略上、策略上和政策上的问题。对于这些问题的进一步的明确的认识和解决，是我党当前的重要任务。"①这是第一。

第二，毛泽东规划了新民主主义社会的经济形态。

一是中国当时已经有了大约百分之十的现代性的工业经济。由于这一点，中国已经有了新的阶级和新的政党——无产阶级和资产阶级，无产阶级政党和资产阶级政党。无产阶级及其政党，由于受到几重敌人的压迫，得到了锻炼，具有了领导中国人民生产的能力和资格。

①《毛泽东选集》第四卷，人民出版社，1991，第1430页。

二是中国还有百分之九十左右的分散的个体农业经济和手工业经济，这是落后的，这是和古代没有多大区别的。古代的封建的土地所有制，现在被我们废除了，或者即将被废除。在这点上，我们已经或者即将区别于古代，取得了或者即将取得使我们的农业和手工业逐步向前发展的可能性。但是在今后一个相当长的时间内，我们的农业和手工业，就其基本形态来说，还是或还将是分散的和个体的，即是说，同古代相近的。

三是中国的现代性工业的产值虽然还只占国民经济总产值的百分之十左右，但是它极为集中，最大的和最主要的资本是集中在帝国主义及其走狗中国官僚资产阶级的手里。没收这些资本归无产阶级领导的人民共和国所有，就使人民共和国掌握国家的经济命脉，使国营经济成为整个国民经济的领导成分。这一部分经济，是社会主义性质的经济，不是资本主义的经济。

四是中国的私人资本主义工业，居现代工业中第二位，是一个不可被忽视的力量。中国的民族资产阶级及其代表人物，由于受了帝国主义、封建主义和官僚主义压迫或限制，在人民民主革命斗争中常常采取参加或者保持中立的立场。由于这些，并由于中国经济还处在落后的状态，在革命胜利以后的一个相当长的时间内，还需要尽可能地利用城乡私人资本主义的积极性，促进国民经济的向前发展。在这个时期内，一切不是于国民经济有害而是于国民经济有利的城乡资本主义成分，都应当允许其存在和发展。这不但是不可避免的，而且是经济上必要的。但是中国资本主义的存在和发展，不是如同资本主义国家那样不受限制任其泛滥和发展，而是将从几个方面被限制——在活动范围方面，在税收政策方面，在市场价格方面，在劳动条件方面。我们要从各个方面，按照各地、各业和各个时期的具体情况，对资本主义采取恰如其分的有伸缩性的限制政策。

依据上述分析：毛泽东勾画出新民主主义社会的经济形态，即国营经济是社会主义性质的，合作性经济是半社会主义性质的，加上私人资本主义，加上个体经济，加上国家和私人合作的国家资本主义经济，就是共和国的几种主要经济成分。

第三，毛泽东提出了有步骤地彻底地摧毁帝国主义在华控制权的方针。帝国主义在中国经济、政治、文化等方面拥有控制权是半殖民地半封建社会的中国的基本特征。伴随国民党反动政府被打倒，帝国主义在这些方面的控制权也随之被打倒。但帝国主义在华直接经营的经济和文化等事业依然存在，彻底消灭帝国主义在这方面的控制权仍是彻底实现新民主主义革命的任务。依据当时有利的政治形势，采取了有步骤地彻底消灭这些方面的控制权。

第四，毛泽东提出愿意按照平等原则同一切国家建立外交关系，发展对外贸易。按照他的说法："关于同外国人做生意，那是没有问题的，有生意就得做，并且现在已经开始做。"①

第五，毛泽东提出："从我们接管城市的第一天起，我们的眼睛就要向着这个城市的生产事业的恢复和发展。"强调这是"中心工作"。"只有将城市的生产恢复起来和发展起来了，将消费的城市变成生产的城市了，人

---

① 《毛泽东选集》第四卷，人民出版社，1991，第1435页。

民政权才能巩固起来。"①

第六，毛泽东科学地预见中国经济发展的光辉前景。指出："中国的经济遗产是落后的，但是中国人民是勇敢而勤劳的，中国人民革命的胜利和人民共和国的建立，中国共产党的领导，加上世界各国工人阶级的援助，其中主要地是苏联的援助，中国经济建设的速度将不是很慢，而可能是相当地快的，中国的兴盛是可以计日程功的。"②

这样，毛泽东就全面规划了新中国成立后发展经济的方针，对新中国经济发展起了极其重要的指导作用。

第四个阶段，中华人民共和国成立后新民主主义社会的经济发展理念（1949—1952年）。

这期间，经济发展理念，集中体现于由毛泽东思想指导制定的、临时起宪法作用的《中国人民政治协商会议共同纲领》（以下简称《纲领》）。

在《纲领》的《总纲》中提出，中华人民共和国必须取消帝国主义国家在中国的一切特权，没收官僚资本归人

①《毛泽东选集》第四卷，人民出版社，1991，第1428页。
②同上书，第1433页。

民的国家所有，有步骤地将封建半封建的土地所有制改变为农民的土地所有制，保护国家的公共财产和合作社的财产，保护工人、农民、小资产阶级和民族资产阶级的经济利益及其私有财产，发展新民主主义的人民经济，稳步地变农业国为工业国。

《纲领》在经济政策部分提出：中华人民共和国经济建设的根本方针，是以公私兼顾、劳资两利、城乡互助、内外交流的政策，达到发展生产、繁荣经济之目的。国家应在经营范围、原料供给、销售市场、劳动条件、技术设备、财政政策、金融政策等方面，调剂国营经济、合作社经济、农民和手工业者的个体经济、私人资本主义经济和国家资本主义经济，使各种社会经济成分在国营经济领导之下，分工合作，各得其所，以促进整个社会经济的发展。

土地改革为发展生产力和国家工业化的必要条件。凡已实行土地改革的地区，必须保护农民已得土地的所有权。凡尚未实行土地改革的地区，必须发动农民群众，建立农民团体，经过清除土匪恶霸、减租减息和分配土地等项步骤，实现耕者有其田。

国营经济为社会主义性质的经济。凡属有关国家经济命脉和足以操纵国民生计的事业，均应由国家统一经营。凡属国有的资源和企业，均为全体人民的公共财产，为人民共和国发展生产、繁荣经济的主要物质基础和整个社会经济的领导力量。

合作社经济为半社会主义性质的经济，为整个人民经济的一个重要组成部分。人民政府应扶助其发展，并给以优待。

凡有利于国计民生的私营经济事业，人民政府应鼓励其经营的积极性，并扶助其发展。

国家资本与私人资本合作的经济为国家资本主义性质的经济。在必要和可能的条件下，应鼓励私人资本向国家资本主义方面发展……

在国家经营企业中，目前时期应实行工人参加生产管理的制度，即建在厂长领导之下的工厂管理委员会。私人经营的企业，为实现劳资两利的原则，应由工会代表工人职员与资方订立集体合同。公私企业目前一般应实行八小时至十小时的工作制。……人民政府应按照各地各业情况规定最低工资。逐步实行劳动保险制度。……

中央人民政府应争取早日制定恢复和发展全国公私经济各主要部门的总计划，规定中央和地方在经济建设上分工合作的范围，统一调剂中央各经济部门和地方各经济部门的相互联系。中央各经济部门和地方各经济部门在中央人民政府统一领导之下各自发挥其创造性和积极性。

关于农林渔牧业：在一切已彻底实现土地改革的地区，人民政府应组织农民及一切可以从事农业的劳动力以发展农业生产及其副业为中心任务，并应引导农民逐步地按照自愿和互利的原则，组织各种形式的劳动互助和生产合作。……

关于工业：应以有计划有步骤地恢复和发展重工业为重点，……以创立国家工业化的基础。同时，应恢复和增加纺织业及其他有利于国计民生的轻工业的生产，以供应人民日常消费的需要。

关于恢复和发展交通、商业、合作社、金融、财政方面也都做了原则规定。

　　这样，《纲领》指明了整个国民经济及其主要部门的恢复和发展的方向，成为新民主主义社会时期的经济发展理念的完整体现。

　　上述各点就是这期间经济发展理念的主要发展过程。

# 第二节

## 实施这个时期经济发展理念的重要意义

历史表明：新民主主义经济发展理念在取得新民主主义革命的胜利和发展新民主主义社会的经济方面曾经起过重大的历史作用。

第一，就整个半殖民地半封建社会的历史发展过程看，1840年以后，封建制度的腐朽性趋于加剧，特别是西方帝国主义殖民扩张，使得清王朝濒临垂危。但代之而起的并不是封建制度的覆灭，而是北洋军阀的军事统治。直到1924年，在一个短暂时间内，曾经在全国部分地区（主要是广州地区）建立了由伟大的革命先行者孙中山领导的具有资产阶级民主革命性质的政府。但在1927年蒋介石发动反革命政变以后，这个政府又转变为帝国主义、封建主义和官僚资本主义的反动统治。只是由于此后的长达22年新民主主义的武装斗争，这个反动政府终于1949年在全国范围内被推翻，建立了由中国共产党领导的人民民主专政的中华人民共和国。如前所述，新民主主义的经济发展理念，在这个过程中起了重要的历史作用。

第二，在半殖民地半封建社会的中国，帝国主义、封建主义和国家垄断资本主义（亦称官僚资本主义）在社会经济中占了统治地位。在农业方面，封建的地主经济占据主要地位。农业中60%—70%的土地是由占农村人口不到10%的地主和富农占有的，占农村人口90%以上的都是无地和少地的农民。在工业方面，直到1946年，帝国主义在华的工业资本还占全部工业资本的32.8%，中国自己的工业资本只占67.2%。在中国工业资本总额中，官僚资本主义工业资本占67.3%，民族资本主义工业资本只占32.7%（详见表1-1）。

表1-1　半殖民地半封建社会的中国工业资本占比

单位：%

| 项　　目 | 1936年 | 1946年 |
|---|---|---|
| 全部工业资本总额 | 100.0 | 100.0 |
| 其中：帝国主义在华工业资本 | 61.4 | 32.8 |
| 中国工业资本 | 38.6 | 67.2 |
| 中国工业资本总额 | 100.0 | 100.0 |
| 其中：官僚资本主义工业资本 | 15.0 | 67.3 |
| 民族资本主义工业资本 | 85.0 | 32.7 |

注：不包括中国的东北和台湾，按1936年的不变价格计算。

资料来源：陈炎主编，《中国近代工业史资料》第四辑，三联书店，1965，第53页。

经过长达22年的新民主主义的武装斗争，帝国主义、封建主义和官僚资本主义在中国经济中的统治被推翻了。代之而起的是社会主义全民所有制经济（以下简称"国营经济"）、个体农民私有制经济和私人资本主义经济。到1952年新民主主义社会建成时，在中国国民收入总额中，社会主义国营经济占19.1%，个体经济占71.8%，资本主义经济占6.9%，合作社经济占1.5%，公司合营经济占1.5%。

如前所述，新民主主义的经济发展理念在这方面起了更为明显的促进作用。

第三，半殖民地半封建社会的中国社会经济制度是社会生产力发展的桎梏，严重阻碍了社会生产力的发展。为了说明这一点，把中国经济的增长速度和世界同期的经济增速做一下比较，就可以看得很清楚。据英国著名经济史学家安格斯·麦迪森设置的可比性较大的国际元计算，1820—1952年，世界人均国内生产总值（GDP）增加了2.3倍，美国增加了7.2倍，欧洲增加了3倍，日本增加了2.5倍，印度增加了0.2倍，中国下降了10%（详见表1–2）。

**表1-2 世界及部分国家1953年较1820年人均GDP增长速度**

单位：1990年国际元

| 年份 | 全世界 | 美国 | 欧洲 | 日本 | 印度 | 中国 |
|------|--------|------|------|------|------|------|
| 1820 | 667 | 1257 | 1090 | 669 | 533 | 600 |
| 1953 | 2260 | 10316 | 4342 | 2336 | 629 | 538 |
| 比1820年增长倍数 | 3.3 | 8.2 | 4.0 | 3.5 | 1.2 | 0.9 |

注：增长倍数，以1820年为1。

资料来源：［英］安格斯·麦迪森，《中国经济的长期表现：公元960—2030年》，上海人民出版社，2007，第36页。

这里需要说明一点：1952年是新中国国民经济恢复完成的一年。这一年的经济总量也是半殖民地半封建中国经济总量达到最高的一年。所以，用这一年基数与世界各国经济增长速度做比较，更能凸显半殖民地半封建社会导致的中国经济发展的落后性。

在1949年新中国成立后，伴随帝国主义、封建主义和官僚资本主义这些社会生产力的桎梏被粉碎，以及作为促进社会生产力发展的强大动力的社会主义全民所有制经济、个体农民经济以及私人资本主义经济的建立和发展，被长期战争严重破坏的社会生产力迅速得到了恢复，仅仅用了三年时间就完成了恢复国民经济的任务。以作为经济总量的国民收入为例，按当年价格计算，从1949年的358亿元增长到1952年的589亿元；按可比价格计算，1952年比1949年增长了64.5%（详见表1-3）。

### 表1-3　1949—1952年国民收入的增长

| 年份 | 国民收入总额 / 亿元 | 国民收入增长幅度 / % |
|------|--------------------|---------------------|
| 1949 | 358 | 100.0 |
| 1950 | 426 | 118.6 |
| 1951 | 497 | 138.8 |
| 1952 | 589 | 164.5 |

注：国民收入总额按当年价格计算。其增长幅度按可比价计算，以1949年为100。

资料来源：财政部综合计划司编，《中国财政统计（1950—1985）》，中国财政经济出版社，1987，第156页。

第四，伴随国民经济的迅速恢复，半殖民地半封建社会的中国普遍存在的食不果腹、衣不保暖的悲惨生活已经成为历史，人民的物质文化生活有了显著的改善。1950—1952年，职工的平均工资和农民的收入分别提高了70%和30%左右；高等学校、中等专业学校、普通中学和小学的在校学生人数分别增长了63%、178%、139%和10%；医院、床位和卫生技术人员分别增长了36%、114%和33%；出版的报纸、杂志和图书分别增长了102%、483%和186%；电影放映单位以及摄制和译制的电影分别增长了253%和377%。①

这里还要说明两点：

一是上述的新民主主义革命和新民主主义社会经济发展取得的伟大成就，从根本上来说，是在毛泽东创立的新民主主义革命路线和新民主主义社会经济发展的路线指导下取得的。但在这方面，作为上述路线的重要组成

①《伟大的十年》，人民出版社，1959，第18页；国家统计局编：《国民经济统计提要》（1949-1986），1987，第38页。

部分的经济发展理念也起了重要的促进作用。上述的这期间经济发展理念的历史已经充分证明了这一点。

二是本章第一节叙述的内容，不只包括这个时期的经济发展理念，还包括此期间的经济社会发展的其他方面。但二者很难严格分辨。正是基于这一点，本书的论述只限于其中的经济发展理念，其他方面就存而不论了。本书以下各章也都是这样处理的，不一一说明。

简要概括，这个时期的经济发展理念，就是革命建立和恢复。①

---

① 新民主主义革命，建立新民主主义社会经济制度和恢复国民经济。这里说的革命和建立都是从恢复国民经济的根本动力这个视角提的。

第 二 章

CHAPTER 2

从新民主主义社会到社会主义社会过渡时期的经济发展理念

（1953—1957年）

从中国的经济发展过程来看，1953—1957年就是从新民主主义社会到社会主义社会的过渡时期。本章要考察的就是这个时期的经济发展理念。

## 第一节

## 从新民主主义社会到社会主义社会过渡时期的经济发展理念的内容

这个时期的经济发展理念涉及诸多方面，但从基本方面看，包括以下两个方面的主要内容，就是毛泽东提出的党在过渡时期的总路线和中国工业的道路。本章拟从这两个基本方面论述这个时期的经济发展理念。

毛泽东在1953年8月夏季全国财经工作会议的有关文件中明确提出："党在这个过渡时期的总路线和总任务，是要在一个相当长的时期内，基本上实现国家工业化和对农业、手工业、资本主义工商业的社会主义改造。这条总路线，应是照耀我们各项工作的灯塔，各项工作离开它，就要犯右倾或'左'倾的错误。"①

显然，党在过渡时期的总路线，既是社会主义改造的总路线，又是社会主义建设的总路线，二者是结合在一起的，不可分割的，而且是互为条件的，相互作用的。因此，本书在论述这期间经济发展理念时，不仅包括社会主义建设，而且包括了社会主义改造。但这里论述的社会主义改造，是将其作为社会主义建设的根本动力来展开的。

在这方面，建立社会主义工业化初步基础居于最重要的地位。世界经济发展史表明：以手工工具为技术基础的手工业生产向以机械为技术基础的工业化生产发展，是普遍的经济发展规律。

就近代工业发展起源的历史看，欧洲生产技术先进的国家在19世纪中叶就完成了工业化过程。在这方面，英国是最典型的例子。

①《毛泽东选集》第五卷，人民出版社，1977，第89页。

在我国，从明朝初年起，就开始迈出从手工业生产向机械化生产的步伐。中国封建社会发展得比较早，经历的时间比较长，社会生产力发展的程度也比较高。这样由手工业生产向机械化生产的转变，并没有欧洲那样突出。特别是1840年以后，帝国主义列强对中国的殖民侵略不断加剧。帝国主义侵略中国在经济方面的一个目的，就是阻挠中国发展近代工业。这样，既利于向中国推销更多的工业产品，又便于在中国掠夺发展工业的原料。在这方面，还要着重提到，从20世纪初开始，中国的军阀战争连绵不断，国内陷入军阀割据的状态。显然，这一点也是严重阻碍工业化的。

直到20世纪中叶，中国工业化的初步基础还没有建立起来。以致新中国完成国民经济的恢复以后，建立社会主义工业化初步基础，仍然是实现党在过渡时期的首要任务。

但这时建立社会主义工业化初步基础的重大意义在于：社会主义工业化是壮大作为我国国民经济主导力量的社会主义全民所有制经济和作为国家政权阶级基础的工人阶级的最重要的战略选择。而且，可以进一步彰显社会主义经济制度对于个体农业、个体手工业和私人资本主义的优越性，并为这些方面的改造提供尤为坚实的物质基础，从而成为推动这期间社会主义改造的重要动力。

还要着重提到：当时中国仍然面临着帝国主义侵略战争的严重威胁。尽管这时已经取得了抗美援朝的伟大胜利，但在帝国主义制度存在的条件下，这种威胁没有也不可能根本消除。推行社会主义工业化建设，正是防止帝国主义可能发动侵略战争的最重要的物质力量。

列宁曾经对实现工业化、建立大机器工业的意义给予了极高的评述，指出："社会主义的唯一物质基础就是同时也能改造农业的大机器工业。"[1]中国"一五"时期实现工业化的条件比苏联当时的情况要好得多。但列宁提出的这个原理对中国的工业化仍然是适用的。

建立社会主义工业化初步基础只是党在过渡时期总路线的一个基本方面。它的另一个基本方面就是对个体农

---

[1]《列宁全集》第32卷，人民出版社，1958，第446页。

业、个体手工业和私人资本主义工商业的社会主义改造。

　　这里需要着重说明：这三方面改造既是社会主义改造的内容，又是这时期推动社会主义生产发展的根本动力。本书就是在这个意义上把它列入这期间经济发展理念的。

　　实际上，这也是中国建设社会主义的一个基本特点。如前所述，中国的社会主义社会是在新民主主义社会的基础上建立的。而在新民主主义社会中，尽管社会主义全民所有制经济在国民经济中已经占了主导地位，但在农业中个体农业仍然占了主要地位，个体手工业在手工业中也占了主要地位，私人资本主义工商业在国民经济中还占有一定的比重。这方面的数据见前述。

　　在我国建设社会主义社会的进程中，不仅对个体农民和个体手工业者采取了社会主义改造的办法，而且对私人资本主义工商业者也采取了改造的办法。这样做的最重要的好处是：不仅易于为被改造的对象（包括个体农民、个体手工业者和私人资本主义工商业者）所接受，有利于巩固和加强作为国家领导阶级的工人阶级与这些被改造对象的同盟，而且可以避免在没收过程中必然造成的生产增长速度的下滑，实现国民经济的持续增长。这也是中国在建设社会主义过程中的一个伟大创造！表2-1至表2-3数字证实了这一点。

**表2-1　1952—1956年参加农业合作化的户数<br>及其占总农户数的比重**

| 年份 | 户数 / 万户 | 比重 / %（以农户总数为100） |
|---|---|---|
| 1952 | 4541.3 | 40.0 |
| 1953 | 4541.2 | 39.6 |
| 1954 | 7077.5 | 60.3 |
| 1955 | 7731.0 | 64.7 |
| 1956 | 11782.9 | 96.3 |

资料来源：《伟大的十年》，人民出版社，1959，第29-30页。

表2-2　1952—1956年参加手工业合作化的人数
及其占手工业总人数的比重

| 年份 | 人数 / 万人 | 比重 / % |
|------|------|------|
| 1952 | 22.8 | 3.1 |
| 1953 | 30.1 | 3.9 |
| 1954 | 121.3 | 13.6 |
| 1955 | 220.6 | 26.9 |
| 1956 | 603.9 | 91.7 |

资料来源：《伟大的十年》，第30页。

表2-3　作为私人资本主义工商业的社会主义
改造基本形成的国家资本主义产值占私人资本主义
工商业总产值的比重

单位：%

| 年份 | 国家资本主义工业产值（以资本主义工业产值总额为100） | 国家资本主义商业产值（以资本主义商业产值总额为100） |
|------|------|------|
| 1952 | 61.3 | 0.003 |
| 1953 | 49.1 | 0.007 |

续表

| 年份 | 国家资本主义工业产值<br>（以资本主义工业产值总额<br>为100） | 国家资本主义商业产值<br>（以资本主义商业产值总额<br>为100） |
|------|------------------------------------------|------------------------------------------|
| 1954 | 99.5 | 0.174 |
| 1955 | 90.7 | 0.450 |
| 1956 | 100.0 | 0.867 |

资料来源：《伟大的十年》，第32页、第34页。

上述表2-1、表2-2和表2-3分别显示了我国个体农业、个体手工业和私人资本主义工商业的社会主义改造逐步推进的过程。在1956年，形成了由农业合作化高潮带动的手工业合作化高潮和私人资本主义工商业的社会主义改造的高潮。在这年就基本实现了对个体农业、个体手工业和私人资本主义工商业的社会主义改造，在生产资料所有制方面全面建成了社会主义社会。这样，伴随个体农业、个体手工业和私人资本主义工商业的社会主义改造的进展，社会主义经济在整个国民经济中就逐步占了主要地位。表2-4资料表明：1952—1957年，社会主义经济（包括社会主义国营经济、合作社经济和基本上属于社会主义性质的公私合营经济）在国民经济总量中的占比，由1952年的21.3%上升到1957年的97.2%，而资本主义经济和个体经济二者总和的占比在这期间由78.7%下降到2.8%（详见表2-4）。

表2-4　1952—1957年社会主义经济在国民经济中的占比

（以国民收入总量为100）

单位：%

| 年份 | 国营经济 | 合作社经济 | 公私合营经济 | 资本主义经济 | 个体经济 |
|---|---|---|---|---|---|
| 1952 | 19.1 | 1.5 | 0.7 | 6.9 | 71.8 |
| 1953 | 23.9 | 2.5 | 0.9 | 7.9 | 64.8 |
| 1954 | 26.8 | 11.8 | 2.1 | 5.3 | 61.0 |
| 1955 | 28.0 | 14.1 | 2.8 | 3.5 | 51.6 |
| 1956 | 32.2 | 53.4 | 7.3 | — | 7.1 |
| 1957 | 33.2 | 56.4 | 7.6 | — | 2.8 |

资料来源：《伟大的十年》，第36页。

如前所述，我国的社会主义改造是采取适应社会生产力发展要求逐步推进的，因而伴随社会主义改造的前进，工农业生产是逐年提高的。表2-5的资料表明：1952—1957年，我国工业总产值逐年增长了30.3%、30.2%、16.3%、5.6%、28.2%和11.4%；农业总产值逐年增长了15.3%、3.1%、3.3%、7.7%、4.8%和3.5%（详见表2-5）。

### 表2-5　1952—1957年工农业总产值的增长

| 年份 | 绝对数 / 亿元<br>（按1952年不变价格算） | | 指数 / %<br>（以上年为100） | |
|------|------|------|------|------|
|      | 工业 | 农业 | 工业 | 农业 |
| 1952 | 343.3 | 1183.9 | 130.3 | 115.3 |
| 1953 | 447.0 | 499.1 | 130.2 | 103.1 |
| 1954 | 519.7 | 515.7 | 116.3 | 103.3 |
| 1955 | 548.7 | 589.4 | 105.6 | 114.3 |
| 1956 | 703.6 | 582.9 | 128.2 | 104.8 |
| 1957 | 783.9 | 602.3 | 111.4 | 103.5 |

资料来源：《伟大的十年》，第14页、第16页。

　　下面分析这期间经济发展理念的另一个重要方面，即正确处理经济发展中重工业、轻工业和农业的关系。

　　毛泽东给予这种关系以很高的评价，指出："工业化道路的问题主要是指重工业、轻工业和农业的发展关系问题。"

　　笔者体会，这里所说的重工业、轻工业和农业的关系，就是在工业化过程中重工业、轻工业和农业三者在增长速度方面的对比关系，以及由此形成的三者在工农业总产值中所占比重的对比关系。

　　毛泽东依据马克思主义在这方面的原理和中国的具体情况对这种关系做了科学的分析，指出："重工业是我国建设的重点。必须优先发展生产资料的生产，这是已经定了的。但是决不可忽视生活资料尤其是粮食的生产。"

　　这是马克思主义中国化的典型事例。马克思虽然没有明确用过生产资料优先增长这个概念，但他在其经典名著《资本论》中在经济思想发展史上第一次对这个原理做了系统的、完整的分析。

　　马克思依据资本主义经济发展史将社会扩大再生产区

分为两种类型：一种是生产技术不变条件下的社会扩大再生产。

在这种条件下进行扩大再生产，只要第一部类和第二部类的生产增长速度大体适应，社会提供的生产资料就可以满足社会扩大再生产的要求，即可以满足马克思提出的社会扩大再生产客观规律的要求，可以达到 I（v+m）> II。在这种条件下进行扩大再生产并不要求生产资料的优先增长（即生产资料的增长速度高于消费资料生产的增长速度）。相对说来，这一点在资本生产发展的初期表现得比较明显。

在资本主义生产进一步发展的条件下，社会的生产技术进步更明显地表现出来。在这种条件下，要顺利推进扩大再生产，就要求生产资料的增长速度快于消费资料的增长速度；否则，社会扩大再生产就不可能顺利进行。因为生产资料生产不能满足社会对生产资料更快发展的需求。

但需指出，在这种情况下也是符合 I（v+m）> II 这个扩大再生产公式的要求的。因为这个公式只是一般地揭示了社会扩大再生产规律的要求，舍弃了技术进步这种因素。关于这一点，列宁说得很清楚：马克思的扩大再生产公式并未注意技术进步。显而易见，如果把这种变化（指技术进步——引者）纳入公式中，那一定是生产资料比消费增长得更快。

列宁同时指出："《资本论》是揭示了生产资料优先增长规律的。他甚至说："即使没有马克思在《资本论》第二卷中所做的研究，根据不变资本比可变资本增长得更快的趋势的规律，也能得出上面的结论，因为所谓生产资料增长最快，不过是把这个规律运用于社会总生产时的另一种说法而已。"①

毛泽东确定的这个"我国建设的重点"，同时又是从我国具体情况出发的。

第一，新中国生产是在旧中国生产的基础上发展起来的。而在半殖民地半封建社会的中国，帝国主义凭借其在中国的统治地位，竭力阻挠并扼制对实现民族独立具有特殊重要意义的重工业。这样，旧中国的轻工业和重工业的比例关系就显得格外畸形。轻工业的发展固然落后，重工

①《列宁全集》第一卷，人民出版社，1963，第69-71页。

业的发展则更为落后。据统计，直到1949年，整个旧中国主要生产资料的重工业只占工业总值的26.6%，而主要生产消费资料的轻工业则占到了73.4%。仅就当时的中国民族工业来说，重工业产值还只占18.5%，轻工业产值比重更是高达81.5%。诚然，经过1949—1952年中国新民主主义社会的经济发展，重工业比重有了一定程度的提高，轻工业比重则有了一定程度的下降。前者由1949年的26.6%上升到1952年的35.6%，后者由73.4%下降到64.6%（详见表2–6）。所以，这时仍然坚持以发展重工业为重点，是适应建立社会主义工业化的迫切需求。

还需指出，优先发展重工业，还是当时加强国防工业的迫切需求。当时，抗美援朝战争已经取得了伟大胜利。但帝国主义国家的侵略本质没有也不可能改变。因此，加速发展作为军事工业基础的重工业仍是迫切需要的。

当时加快工业建设同时具备众多有利的条件。

第一，当时作为社会主义全民所有制经济的具体形式的计划经济体制已经建立起来。这就为集中全国的资金和技术力量推进工业建设创造了有利的体制条件。

表2-6 1949—1952年工业的发展

| 年份 | 产值/亿元（按1952年不变价格计算） | | | 指数/%（以1949年为100） | | | 比重/%（以工业总产值为100） | | |
|---|---|---|---|---|---|---|---|---|---|
| | 工业产值 | 生产资料产值 | 消费资料产值 | 工业产值 | 生产资料产值 | 消费资料产值 | 工业产值 | 生产资料产值 | 消费资料产值 |
| 1949 | 140.0 | 37.3 | 102.9 | 100.0 | 100.0 | 100.0 | 100.0 | 26.6 | 73.4 |
| 1950 | 191.2 | 56.5 | 134.7 | 136.6 | 151.6 | 130.8 | 100.0 | 29.6 | 70.4 |
| 1951 | 263.5 | 85.0 | 178.5 | 188.0 | 228.0 | 173.5 | 100.0 | 32.1 | 67.8 |
| 1952 | 343.3 | 122.2 | 221.1 | 245.2 | 327.8 | 214.8 | 100.0 | 35.6 | 64.4 |

资料来源：《伟大的十年》，第76页、第77页、第79页。

第二，我国作为人口大国也是推进社会主义工业化的一个有利条件。这时虽然劳动生产率低，每个劳动力能够为工业建设提供的资金是很有限的，但由于人口多，工业职工队伍规模大，这样能够为工业建设提供的资金总量是很大的，而且增长很快。表2-7和表2-8的数据表明："一五"期间，我国职工队伍扩大了55.1%，基本建设投资增加了2.17倍。

### 表2-7    1952—1957年职工队伍的扩大

| 年份 | 绝对数 / 万人 | 指数 / %（以1952年为100） |
|------|------|------|
| 1952 | 1580.4 | 100.0 |
| 1953 | 1825.6 | 117.2 |
| 1954 | 1880.9 | 119.9 |
| 1955 | 1907.6 | 120.7 |
| 1956 | 2423.0 | 153.3 |
| 1957 | 2450.6 | 155.1 |

资料来源：《伟大的十年》，第159-160页。

表2-8   1952—1957年基础建设投资的增长

| 年份 | 投资总额/万人 | 指数/%（以1952年为100） |
|------|------|------|
| 1952 | 43.6 | 100.0 |
| 1953 | 80.0 | 184.0 |
| 1954 | 90.7 | 208.0 |
| 1955 | 93.0 | 214.0 |
| 1956 | 148.0 | 340.0 |
| 1957 | 138.3 | 317.0 |

资料来源：《伟大的十年》，第46页。

第三，"一五"时期，我国在开展工业建设方面得到了苏联多方面的无私援助，包括机器设备、技术力量和资金等。这突出体现在苏联帮助我们建设的156个工业单位方面。在这方面，从地质勘查、厂址选择、搜集基础资料、进行统计、供应设备、指导建筑安装和开工运转、供应新产品的技术资料，一直到新产品的制造，总之，从头到尾给予了援助。当时提供的技术设备，都是世界上最先进的。这就成为加速重工业发展的最重要力量。

第四，在毛泽东提出的党在过渡时期总路线的引导下，在作为当时经济工作最重要的领导者陈云的主持下，提出和实行了一系列的正确方针政策。诸如：把工业基本建设放在首位，同时充分发挥现有企业的生产潜力；不断克服急躁冒进情绪，使工业建设规模和速度与国力相适应，使得包括工业在内的国民经济获得稳定的、持续的、高速的增长；在重点发展重工业的同时，注意发展农业、轻工业、运输邮电业、商业、教育和科技事业；把工业建设转向内地的同时，注意沿海地区工业的发展；在重点建设大型工业企业的同时，注意发展中小型工业企业；在重点进行建设的同时，注意改善职工生活；在依据按劳分配原则推行工资改革的同时，注意加强职工的思想教育；在实现工业高速增长的同时，注意厉行节约方针，提高工业经济效益；重视从苏联和东欧国家引进设备、技术、人才、资金和管理经验；注意巩固社会稳定局面，为工业发展营造良好的生态环境。这样，就充分实现了毛泽东提出的发展我国社会主义建设的基本方针："把国内外一切积极因素调动起来，为社会主义事业服务。"①

这样，在这期间我国工业就得到了稳定的、持续的、高速度的发展。其中，主要生产生产资料的重工业和以现代生产技术为基础的现代工业还获得了更为迅速的增长。表2-9、表2-10的资料表明：1952—1957年，我国工业总产值增长了128.4%，年均增速为18.0%。其中，主要生产生产资料的重工业产值增长了210.5%，年均增速为25.4%；主要生产消费资料的轻工业增长了83.0%，年均增速为12.8%。这期间，重工业产值和轻工业产值在工业总产值中所占比重分别由35.6%上升到48.4%，由64.4%下降到51.6%。就现代工业的发展来看，这期间年均增速为25.2%，占工业总产值的比重由64.2%上升到70.9%。

这些数据确凿证明：在1953—1957年的"一五"期间，我国社会主义工业化的初步基础已经建立，其中作为工业发展重点的重工业更是得到了大大加强，有效地实现了重工业为重点的发展工业的基本方针。

①《毛泽东选集》第五卷，人民出版社，1977，第267页。

表2-9 1952—1957年工业生产的增长

| 年份 | 产值 / 亿元 | | | 指数 / %（以1952年为100） | | | 比重 / %（以工业总产值为100） | |
| | 工业总产值 | 生产资料产值 | 消费资料产值 | 工业总产值 | 生产资料产值 | 消费资料产值 | 生产资料产值 | 消费资料产值 |
| --- | --- | --- | --- | --- | --- | --- | --- | --- |
| 1952 | 343.3 | 122.2 | 221.1 | 100.0 | 100.0 | 100.0 | 35.6 | 64.4 |
| 1953 | 447.0 | 166.8 | 280.2 | 130.2 | 136.5 | 126.7 | 37.3 | 62.7 |
| 1954 | 519.7 | 199.9 | 319.8 | 151.4 | 163.6 | 144.3 | 38.5 | 61.5 |
| 1955 | 548.7 | 228.9 | 319.8 | 159.9 | 187.3 | 144.7 | 41.7 | 58.3 |
| 1956 | 703.6 | 320.4 | 383.2 | 205.0 | 262.2 | 173.3 | 45.5 | 54.5 |
| 1957 | 783.9 | 379.4 | 404.5 | 228.4 | 310.5 | 183.0 | 48.4 | 51.6 |

注：按1952年不变价格计算。

资料来源：《伟大的十年》，第76—79页。

### 表2-10    1952—1957年现代工业生产的增长

（按1952年价格计算）

| 年份 | 总产值<br>/亿元 | 指数 / %<br>（以1949年为100） | 现代工业产值占<br>工业产值比重 / % |
|------|------|------|------|
| 1952 | 220.5 | 278.6 | 64.2 |
| 1953 | 288.1 | 364.1 | 64.5 |
| 1954 | 339.8 | 429.5 | 65.4 |
| 1955 | 370.8 | 468.6 | 67.6 |
| 1956 | 503.4 | 636.2 | 71.6 |
| 1957 | 556.3 | 703.1 | 70.9 |

资料来源：《伟大的十年》，第80页。

# 第二节

## 实现这个时期经济发展理念的
## 重要意义

在毛泽东提出的党在过渡时期的总路线（即经济发展理念）的指导下，这个时期我国的社会主义事业取得了伟大的胜利。

总的说来，以生产资料公有制为基础的社会主义经济制度和社会主义工业化初步基础已经建立。

在这个基础上，社会的经济和文化事业都获得了持续的、稳定的、高速度的增长，根本改变了半殖民地半封建社会的中国在这些方面长期停滞和衰退的状态。

第一，在经济总量方面，延续了经济恢复时期的持续、稳定、高速度态势。1953—1957年，在增长基数大幅上升的情况下，国民收入年平均增长率仍然达到8.9%（详见表2-11）。

### 表2-11　1949—1957年国民收入的增长

| 年份 | 总额 / 亿元（按当年价格计算） | 增长指数 / %（按可比价格计算） | | |
|---|---|---|---|---|
| | | 以1949年为100 | 以1952年为100 | 以上年为100 |
| 1949 | 358 | 100.0 | — | 100.0 |
| 1950 | 426 | 118.6 | — | 118.6 |
| 1951 | 497 | 138.8 | — | 117.0 |
| 1952 | 589 | 164.5 | 100.0 | 118.5 |
| 1953 | 709 | 198.0 | 120.4 | 120.4 |
| 1954 | 748 | 208.9 | 127.0 | 105.7 |
| 1955 | 788 | 220.1 | 133.8 | 105.3 |
| 1956 | 882 | 246.4 | 149.7 | 111.9 |
| 1957 | 908 | 253.6 | 154.1 | 102.9 |
| 1952—1957年平均增速 | — | — | — | 8.9 |

资料来源：《伟大的十年》，第18页；国家统计局编：《国民收入统计资料汇编》（1949—1986），中国统计出版社，1987，第38页。

第二，在国民经济主要生产部门的比例关系方面，半殖民地半封建社会的中国，农业和轻工业占的比重很大，重工业占的比重很小。这种畸形的经济比例关系，是帝国主义、封建主义和官僚资本主义统治的结果。新中国成立后，在经济恢复时期经济发展的基础上，这种经济失衡的关系在"一五"期间有了很大改变。农业在工农业产值中的比重，由1952年的56.9%下降到1957年的43.3%，工业的占比则由43.1%上升到56.7%。轻工业和重工业在工业总产值中所占的比重分别由64.5%下降到55.0%，由35.5%上升到45.0%（详见表2-12）。

表2-12　农业、轻工业、重工业产业的比重

单位：%

| 年份 | 农业和工业占工农业总产值的比重 | | 轻工业和重工业占工业总产值的比重 | |
|---|---|---|---|---|
| | 农业 | 工业 | 轻工业 | 重工业 |
| 1952 | 56.9 | 43.1 | 64.5 | 35.5 |
| 1953 | 53.1 | 46.9 | 62.7 | 37.3 |

续表

| 年份 | 农业和工业占工农业总产值的比重 | | 轻工业和重工业占工业总产值的比重 | |
|---|---|---|---|---|
| | 农业 | 工业 | 轻工业 | 重工业 |
| 1954 | 50.9 | 49.1 | 61.6 | 38.4 |
| 1955 | 51.8 | 48.2 | 59.2 | 40.8 |
| 1956 | 48.7 | 51.3 | 57.6 | 42.4 |
| 1957 | 43.3 | 56.7 | 55.0 | 45.0 |
| "一五"期间 | 49.3 | 50.7 | 58.5 | 41.2 |

资料来源：国家统计局编，《国民收入统计资料汇编》（1949—1985），中国统计出版社，1986，第8页。

以上数据表明：尽管在"一五"期间的农业、轻工业和重工业的比例关系还没有达到完全协调的发展，但已经在这方面迈出了重要的步伐。

第三，在帝国主义统治下，半殖民地半封建社会的中国的工业发展，不仅在工业各部门的发展方面是失衡的，在工业地区布局方面亦复如此。帝国主义根据侵略中国的需要，大部分的工业都分布在沿海地区，而内陆的工业只占小部分。

毛泽东在论到这一点时曾经指出：在旧中国，"我国全部轻工业和重工业，都有约百分之七十在沿海，只有百分之三十在内地。这是历史上形成的一种不合理的状况。沿海的工业基地必须充分利用，但是，为了平衡工业发展的布局，内地工业必须大力发展。"[①]

在毛泽东思想指导下，新中国成立以后，在国民经济恢复的基础上，"一五"期间工业地区布局失衡状况有了很大的改变。其集中表现就是作为社会主义工业建设重点的156项工程，绝大部分都分布在内地。

第四，这期间，我国社会生产的经济效益有了全面大幅度的提高。这一点在劳动生产率提高方面尤为明显。与1957年相比，物质生产部门、工业和农业的劳动生产率分别提高了52.9%、105.2%和14.1%（详见表2–13）。

---

① 《毛泽东选集》第五卷，人民出版社，1977，第270页。

表2-13　　1952—1957年劳动生产率

| 年份 | 生产部门劳动者平均总产值/（元/人·年） | 增长/% | 工业劳动者平均总产值/（元/人·年） | 增长/% | 农业劳动者平均总产值/（元/人·年） | 增长/% |
|---|---|---|---|---|---|---|
| 1952 | 499 | 100.0 | 2081 | 100.0 | 486 | 100.0 |
| 1953 | 584 | 117.0 | 2580 | 124.0 | 495 | 101.9 |
| 1954 | 618 | 123.8 | 2735 | 131.4 | 500 | 102.5 |
| 1955 | 641 | 128.5 | 2860 | 137.4 | 525 | 108.0 |
| 1956 | 738 | 147.9 | 3829 | 135.9 | 546 | 112.3 |
| 1957 | 763 | 152.9 | 4270 | 205.2 | 555 | 114.2 |

注：按总产值可比价计算，以1952年为100。

资料来源：《国民收入统计资料汇编》（1949—1985），第78页、第80页。

第五，在社会生产和经济效益提高的基础上，人民的物质文化生活水平比经济恢复时期又有进一步显著提高。表2-14和表2-15的资料表明：在这期间，全国居

民、农民和非农业居民的年平均消费水平分别由1952年
的76元提高到1957年的102元，由62元提高到79元，由
148元提高到205元。其年平均增长速度分别为4.2%、
3.2%和4.8%。

表2-14　1952—1957年居民年均消费水平

单位：元

| 年份 | 全国居民 | 农民 | 非农业居民 |
|---|---|---|---|
| 1952 | 76 | 62 | 148 |
| 1953 | 87 | 69 | 181 |
| 1954 | 89 | 70 | 183 |
| 1955 | 94 | 76 | 188 |
| 1956 | 99 | 78 | 197 |
| 1957 | 102 | 79 | 205 |

注：按当年价格计算。
资料来源：《国民收入统计资料汇编》（1949—1985），第20页。

### 表2-15　1953—1957年居民消费水平增长速度

（按可比价格计算）

单位：%

| 年份 | 全国居民 | 农民 | 非农业居民 |
|------|---------|------|-----------|
| 1953 | 7.7 | 3.2 | 15.0 |
| 1954 | 0.5 | 1.2 | 0.1 |
| 1955 | 6.4 | 8.6 | 2.5 |
| 1956 | 4.3 | 1.4 | 4.9 |
| 1957 | 2.4 | 1.8 | 2.1 |
| 年均增速 | 4.2 | 3.2 | 4.8 |

资料来源：《国民收入统计资料汇编》（1949—1985），第20页。

第六，居民收入增长的同时，社会的教育、卫生和文化事业都有了迅速增长。1952—1957年，高等学校、中等专业学校、普通中学和小学学生人数由19.1万人增长到44.1万人，由63.6万人增长到77.8万人，由249万人增长到628.1万人，由5110万人增长到6427万人；出版的报纸由

16.09亿份增长到24.424亿份；出版的杂志由2.042亿册增长到3.15亿册；出版的图书由7.85亿册增长到12.78亿册；电影放映单位由2282个增长到9963个，摄制译制艺术片由43部增长到119部。[1]

简要概括，这个时期的经济发展理念，就是"一化三改"和工业化道路。

---

[1] 以上数据源自《伟大的十年》图表部分。

# 第三章

CHAPTER 3

传统社会主义制度社会的
经济发展理念
（1958—1978年）

这里所说的传统社会主义社会，是指1956年建立起来，一直到1978年实行的社会主义制度的社会。

这时实行的社会主义制度，基本上是按照苏联的社会主义模式建立的。当然，我国在建立社会主义制度的进程中，有许多适合中国具体情况的新的重大创造。但就建立基本经济制度来说，仍然是效仿苏联已经建立的社会主义制度。实际上，毛泽东自己也明确说过："苏联所走过的这一条道路，正是我们的榜样。"故称传统的社会主义制度。

在论述这期间的经济发展理念之前，需要着重提到：1956年《中国共产党第八次全国代表大会关于政治报告的决议》（以下简称《决议》）提出的一个极重要的发展经济理念。《决议》依据我国社会主义改造已经实现的基本情况，提出："我们国内的主要矛盾，已经是人民对于建立先进的工业国的要求同落后的农业国的现实之间的矛盾，已经是人民对于经济文化迅速发展的需要同当前经济文化不能满足人民需要的状况之间的矛盾。"

这一矛盾的实质，在我国社会主义制度已经建立的情况下，也就是先进的社会主义制度同落后的生产力之间的矛盾。党和全国人民的当前的重要任务就是集中力量来解决这个矛盾，把我国尽快地从落后的农业国变成先进的工业国。[①]

完全可以设想：如果依照这个经济发展理念走下去，我国经济就一定会得到稳定持续发展。但在1958年5月党的八大二次会议通过了"鼓足干劲、力争上游、多快好省地建设社会主义"的总路线。[②]

就这条总路线的本身来说，虽然在某种程度上反映了毛泽东在经济增长速度方面急于求成的思想，但就其基本内容来说，还是反映了社会主义经济制度固有的高速度发展的客观需求。在这个限度内，可以称为科学发展理念。

但是在实际执行过程中，由于受到急于求成思想的支配，因这条总路线导致的"大跃进"给我国经济社会造成

① 《中国共产党第八次全国代表大会文件》，人民出版社，1956，第80页。
② 薄一波：《若干重大决策与事件的回顾》下卷，中共中央党校出版社，1993，第642页、第658页。

了极为严重的损失！

仅就经济增长速度来看，1958—1960年三年"大跃进"以及由此必然造成的1961—1962年经济调整，这五年每年平均经济增长速度竟然下降了3.73%。[1]这是新中国成立以后从来没有发生过的事。

更为严重的是，1961年我国人口总数竟然比1959年减少了1348万人。[2]这表明这些年我国发生了数以千万计的人口非正常死亡！

从这方面说，这条总路线也算不上是科学的经济发展理念，只能是这期间经济工作的指导思想。

更为严重的是，1962年4月，又提出了"整个社会主义历史阶段的基本路线，即社会主义社会是一个相当长的历史阶段。在社会主义这个历史阶段中，还存在着阶级、阶级矛盾和阶级斗争，存在着社会主义和资本主义两条道路的斗争，存在着资本主义复辟的危险性。要认识这种斗

---

[1] 国家统计局编：《中国经济60年》，中国统计出版社，2009，第614页。

[2] 胡绳主编：《中国共产党的七十年》，中共党史出版社，1991，第358页、第379页。

争的长期性和复杂性。要提高警惕。要进行社会主义教育。要正确理解和处理经济矛盾和阶级斗争问题，正确区别和处理人民内部矛盾和敌我矛盾。不然的话，我们这样的社会主义国家，就会走向反面，就会变质，就会出现复辟。我们从现在起，必须年年讲，月月讲，天天讲，使我们对这个问题，有比较清醒的认识，有一条马克思主义的路线。"①

这条基本路线在理论上根本不能成立。其主要错误在于混淆了1956年以前存在的主要矛盾和此后的主要矛盾。1956年以前，我国正在进行社会主义改造。这时的主要矛盾确是资产阶级和无产阶级的矛盾，而在这个改造完成以后，主要矛盾就是如1956年《决议》所揭示的那个主要矛盾（详见前述）。

但这条基本路线为"文化大革命"奠定了理论基础，直接导致了十年"文化大革命"。

这个"大革命"给我国经济社会造成的严重损失比

①《中国共产党第九次全国代表大会文件汇编》，人民出版社，1962，第17页。

"大跃进"还要大！

1966—1976年十年"文化大革命"加上由此必然引起的1977—1978年的两年调整，这12年我国平均每年增加人口数为1327万人，而1953—1957年这5年平均每年增长人口数为1432万人，前者比后者减少了105万人。显然，十年"文化大革命"期间，我国也有大量人口的非正常死亡！即使扣除了基础增大这个因素，也可以清楚看到这一点。

在经济年均增长速度方面，后12年比前5年下降2.3个百分点。[①]这同样表明"文化大革命"期间，我国经济增速也有大幅的下降。

可见，毛泽东提出的这条社会主义初级阶段的基本路线，根本不是科学的经济发展理念。这不仅因为它是政治范畴，不是经济范畴，而且根本原因是它完全违反了客观规律。

这当然不是说在"文化大革命"期间完全没有科学的经济发展理念，比如这期间毛泽东在苏联修正主义集团加强对我国军事侵略威胁的形势下，提出"备战备荒为人

---

① 国家统计局编：《新中国60年》，中国统计出版社，2009，第608页、第614页。

民"的方针，既符合当时政治军事形势的需要，又加强了我国的国防，对推进经济发展（特别是军事工业的发展）起了积极作用。

以上分析也不否定在"文化大革命"期间，经过全党和全国人民的艰苦努力，在经济发展方面取得的重要成就。在这方面，最突出的要算工业方面的核技术、火箭技术和空间技术取得突破性进展。继1964年10月成功爆炸了第一颗原子弹之后，1966年10月又成功地完成了导弹核武器试验；1967年6月第一颗氢弹爆炸实验成功；1970年9月第一颗人造卫星东方红一号发射成功；1971年第一颗洲际火箭飞行实验基本成功，我国自己制造的第一艘核潜艇安全下水。

当然，这些尖端科学技术的巨大成果不只是这期间艰苦努力的成果，而且是新中国成立后长期探索的伟大成就！

但这期间先后发生的"大跃进"和"文化大革命"两次严重教训，值得后人永志不忘！

简要概括，作为这个时期经济发展理念的社会主义建设总路线没有得到执行，执行的是一条盲目冒进的"左"倾路线。

# 第四章

CHAPTER 4

## 中国特色社会主义社会的经济发展理念

（1979—2011年）

# 第一节

## 中国特色社会主义社会经济发展 理念的发展过程

这期间，中国特色社会主义经历了一个发展过程。

### 一、社会主义初级阶段的基本路线

1978年12月召开的党的十一届三中全会重新确立了解放思想、实事求是的马克思主义思想路线，提出以社会主义现代化建设为中心，对经济体制进行改革，以及积极发展同世界各国平等互利的经济合作等基本指导思想。

仅就其中的对经济体制改革来说，则意味着中国将实行由传统社会主义经济到中国特色的社会主义经济的根本转变。这是新中国成立后的一次具有极其伟大意义的决定！

1982年，作为第二代中央领导集体的核心和改革开放总设计师的邓小平，在党的十二大开幕词中郑重提出：
"我们的现代化建设，必须从中国的实际出发。无论是革命还是建设，都要注意学习和借鉴外国经验。但是，照抄照搬别国经验、别国模式，从来不能得到成功。这方面我们有过不少的教训。把马克思主义的普遍真理同我国的具体实践结合起来，走自己的道路，建设有中国特色的社会主义，这就是我们总结长期历史经验得出的基本经验。"①

这就为我国实现从传统社会主义向中国特色社会主义转变指明了方向和道路。

正是依据这一点，改革开放后举行的历次党的代表大会对实行这种转变进行了不断的发展。

需要说明：实行从传统社会主义到中国特色社会主义的转变，是党在中国社会初级阶段基本路线的主要组成部分。因此，为了把握这个转变的根据，需要论述这条基本路线的内容。1987年，党的十三大报告《沿着有中国特色的社会主义道路前进》（以下简称《报告》）首次对这个

---

① 《中国共产党第十二次全国代表大会文件汇编》，人民出版社，1982，第3页。

问题做了系统分析。

《报告》提出：我国的社会主义初级阶段，它不是泛指任何国家进入社会主义都会经历的起始阶段，而是特指我国在生产力落后、商品经济不发达条件下建设社会主义客观必然要经历的特定阶段。我国从50年代生产资料私有制的社会主义改造完成，到社会主义现代化的实现，至少要上百年时间，都属于社会主义初级阶段。这个阶段既不同于社会主义经济基础尚未奠定的过渡时期，又不同于已经实现社会主义的现代化阶段。我们在现阶段所面临的主要矛盾，是人民日益增长的物质文化需要同落后的社会生产之间的矛盾。阶级斗争在一定范围内还会长期存在，但已经不是主要矛盾。为了解决现阶段的主要矛盾，就必须大力发展商品经济，提高劳动生产率，逐步实现工业、农业、国防和科学技术的现代化，并且为此而改革生产关系和上层建筑中不适应生产力发展的部分。

总体来说，我国社会主义初级阶段，是逐步摆脱贫穷、落后的阶段；是由农业人口占多数的手工劳动为基础的农业国，逐步变为非农业人口占多数的工业国的阶段；

是由自然经济、半自然经济占很大比重，变为商品经济高度发达的阶段；是通过改革和探索，建立和发展充满活力的社会主义经济、政治、文化体制的阶段；是全民奋起、艰苦创业、实现中华民族伟大复兴的阶段。

从社会主义初级阶段的这个实际出发，党要确立的具有长远意义的指导方针是：

第一，必须集中力量进行现代化建设。社会主义社会的根本任务是发展生产力。在初级阶段，为了摆脱贫穷和落后，尤其要把发展生产力作为全部工作的中心。是否有利于发展生产力，应当成为我们考虑一切问题的出发点和检验一切工作的根本标准。必须始终不渝地发扬艰苦奋斗精神，勤俭建国，勤俭办一切事业。

第二，必须坚持全面改革。社会主义是在改革中前进的社会。在初级阶段，特别是在当前时期，由于长期形成的僵化体制严重束缚生产力的发展，改革更成为迫切的历史要求。改革是社会主义生产关系和上层建筑的自我完善，是推进一切工作的动力。

第三，必须坚持对外开放。当代国际关系越来越密切，任何国家都不可能在封闭状态下求得发展。在落后基础上建设社会主义，尤其要发展对外经济交流和合作，努力吸收世界文明成果，逐步缩小同发达国家的差距，闭关自守，只能越来越落后。

第四，必须以公有制为主体，大力发展有计划的商品经济。商品经济的充分发展，是社会经济不可逾越的阶段，是实现生产社会化、现代化必不可少的基本条件。在所有制和分配上，社会主义社会并不要求纯而又纯，绝对平衡。初级阶段，尤其要在以公有制为主体的前提下发展多种经济成分，在以按劳分配为主体的前提下实行多种分配方式，在共同富裕的目标下鼓励一部分人通过诚实劳动和合法经营先富起来。

第五，必须以安定团结为前提，努力建设民主政治。社会主义应该有高度的民主、完备的法制和安定的社会环境。在初级阶段，不安定的因素甚多，维护安定团结尤为重要。必须正确处理人民内部矛盾。人民民主专政不能削弱。社会主义民主政治的建设，既因为封建专制的影响很深而具有特殊的迫切性，又因为受到历史的社会的条件限制，只能有秩序有步骤地进行。

第六，必须以马克思主义为指导，努力建设精神文明。要根据十一届六中全会关于精神文明建设的决定，按照"有理想、有道德、有文化、有纪律"的要求，提高整个民族的思想道德素质和科学文化素质。我们的现代建设和对外开放，对社会主义精神文明是巨大的促进，同时对它提出了很高的要求。要努力形成有利于现代化和改革开放的理论指导、舆论力量、价值观念、文化条件和社会环境。克服小资产的狭隘眼界和保守习气，抵制封建主义和资本主义的腐朽思想，振奋起全国各族人民献身于现代化事业的巨大热情和创造精神。

概括起来说，在社会主义初级阶段，我们党的建设有中国特色的社会主义基本路线是：领导和团结全国各族人民以经济建设为中心，坚持四项基本原则，坚持改革开放，自力更生，艰苦创业，把我国建设成为富强、民主、文明的社会主义现代化国家而努力奋斗。坚持社会主义道路，坚持人民民主专政，坚持中国共产党领导，坚持马克思主义毛泽东思想这四项基本原则，是我们的立国之本。

坚持改革开放总方针，是十一届三中全会以来党的路线新发展，它赋予四项基本原则以新的时代内容。坚持四项基本原则和坚持改革开放这两个基本点，相互贯通、相互依存，统一于建设有中国特色的社会主义实践。不能以僵化的观点看待四项基本原则，否则就会怀疑以至于否定改革开放的总方针。也不能以自由化的观点看待改革开放，否则就会离开社会主义道路。在初级阶段，在我们尚未摆脱不发达的状态之前，否定社会主义制度，主张资本主义的资产阶级自由化的思想将长期存在。如果思想僵化，不改革开放，就不能更好地显示社会主义制度的优越性和增强社会主义的吸引力，也就会在实际上助长资产阶级自由化思想的滋长和蔓延。排除僵化和自由化这两种思想的干扰和影响，贯穿于社会主义初级阶段全过程。由于"左"的积习很深，且改革开放的阻力主要来自这种积习，所以从总体上说，克服僵化思想是相当长时期的主要任务。总之，以经济建设为中心，坚持两个基本点，这就是我们的主要经验，这就是党在社会主义初级阶段的基本路线的重要内容。

关于经济发展战略，《报告》提出：

党的十一届三中全会以后，我国经济建设的战略部署大体分为"三步走"。第一步，实现国民生产总值比1980年翻一番，解决人民的温饱问题。这个任务已经基本实现。第二步，到20世纪末，使国民生产总值再增长一倍，人民生活达到小康水平。第三步，到21世纪中叶，人均国民生产总值达到中等发达国家水平，人民生活比较富裕，基本实现现代化。

实现第二步奋斗目标，必须坚定不移地贯彻执行注重效益、提高质量、协调发展、稳定增长的战略。为此，必须着重解决好以下三个重要议题。

（一）把发展科学技术和教育事业放在首要位置，使经济建设转到依靠科学技术进步和提高劳动者素质的转变上来。

（二）保持社会总供给和总需求的基本平衡，合理调整和改造产业结构。

（三）进一步扩大对外开放的广度和深度，不断发展对外经济技术交流与合作。

关于经济体制改革，《报告》提出：

（一）按照所有权、经营权分离的原则，搞活全民所有制企业。

（二）促进横向经济联合的进一步发展。

（三）加快建立和培育社会主义市场体系。

（四）逐步健全以间接管理为主的宏观经济调节体系。

（五）在公有制为主体的前提下继续发展多种所有制经济。

（六）实行以按劳分配为主体的多种分配方式和正确的分配政策。①

党的第十三次全国代表大会提出的党在社会主义初级阶段的基本路线（包括经济体制改革和经济发展战略等）在后来召开的历次党的代表大会的文件中还得到进一步发展和完善。

在这方面，党的第十四次全国代表大会依据党的十三大以来实践经验的总结和1992年邓小平同志的讲话，进

①《中国共产党第十三次全国代表大会文件汇编》，人民出版社，1987，第7—34页。

一步发展了中国特色社会主义的理论。强调这个理论，第一次比较系统地初步回答了中国这样的经济文化比较落后的国家如何建设社会主义，如何巩固和发展社会主义的一系列基本问题。用新的思想观点，继承和发展了马克思主义。

建设有中国特色的社会主义理论的主要内容是：

在社会主义发展道路问题上，强调走自己的路，不把书本当教条，不照搬外国模式，以马克思主义为指导，以实践作为检验真理的唯一标准，解放思想，实事求是，尊重群众的首创精神，建设有中国特色的社会主义。

在社会主义发展阶段上，做出了我国还处在社会主义初级阶段的科学论断，强调这是一个上百年的很长的历史阶段，制定一切方针政策都必须以这个国情为依据，不能脱离实际，超越阶段。

在社会主义的根本任务问题上，指出社会主义的本质是解放生产力，发展生产力，消灭剥削，消除两极分化，最终达到共同富裕。强调现阶段我国社会的主要矛盾是人民日益增长的物质文化需求同落后的社会生产之间的矛盾。必须把发展生产力摆在首要位置，以经济建设为中心，推动社会全面进步。判断各方面工作的是非得失，归根到底，要以是否有利于发展社会主义社会的生产力，是否有利于增强社会主义国家的综合国力，是否有利于提高人民的生活水平为标准。科学技术是第一生产力，经济建设必须依靠科学技术的进步和劳动者素质的提高。

在社会主义的发展动力问题上，强调改革是一场革命，也是解放生产力，更是中国现代化的必由之路，僵化停滞是没有出路的。经济体制改革的目标是在坚持公有制和按劳分配为主体，其他经济成分和分配方式为补充的基础上，建立和完善社会主义市场经济体制。

在社会主义建设的外部条件问题上，指出和平与发展是当代的两大主题，必须坚持独立自主的和平外交政策，为我国现代化建设争取有利的国际环境。强调实行对外开放是改革和建设必不可少的，应当吸收和利用世界各国包括资本主义发达国家所创造的一切先进成果来发展社会主义，封闭只能导致落后。

在社会主义建设的政治保证问题上，强调坚持社会主义道路，坚持人民民主专政，坚持中国共产党的领导，坚持马克思列宁主义毛泽东思想。这四项基本原则是立国之本，是改革开放和现代化建设健康发展的保证。

在社会主义建设的战略步骤问题上，提出基本实现现代化分三步走。

在中国特色社会主义事业的领导核心和依靠力量问题上，强调作为工人阶级先锋队的中国共产党是社会主义事业的领导核心。社会主义事业的依靠力量：必须依靠广大工人、农民、知识分子，必须依靠各族人民的团结，必须依靠全体社会主义劳动者，拥护社会主义的爱国者和拥护祖国统一的爱国者的最广泛的统一战线。

在祖国统一问题上，提出"一个国家，两种制度"的创造性构思。

在党的十四大发展的建设有中国特色社会主义理论的指导下，再次强调了党的十三大提出的党在社会主义初级阶段的基本路线。

为了贯彻党在社会主义初级阶段的基本路线，党的十四大报告进一步提出：

在经济发展战略方面，强调要走出一条既有较高速度又有较好经济效益的国民经济发展路子。

在改革方面，《报告》强调：我国经济体制改革确定什么样的目标模式，是关系整个社会主义现代化建设全局的一个重大问题。这个问题的核心，是正确地认识和处理计划与市场的关系。《报告》依据邓小平理论提出：我国经济体制改革的目标，是建立社会主义市场经济体制。[①]

1997年，党的十五大报告的一个极重要内容，就是进一步明确了邓小平的历史地位和指导意义。

党的十五大报告指出，邓小平理论之所以成为马克思主义在中国发展的新阶段，是因为：

第一，邓小平理论坚持解放思想，实事求是，在新的实践基础上继承前人又突破陈规，开拓了马克思主义的新境界，实事求是是马克思列宁主义的精髓，是毛泽东思想的精髓，也是邓小平理论的精髓。

第二，邓小平坚持科学社会主义理论和实践的基本成

---

[①]《中国共产党第十四次全国代表大会文件汇编》，人民出版社，1992，第12—24页。

果。抓住"什么是社会主义，怎样建设社会主义"这个根本问题，深刻地揭示社会主义的本质，把对社会主义的认识提高到新的科学水平。

第三，邓小平理论坚持用马克思主义的宽广眼界观察世界，对当今时代特征和总体国际形势进行了正确分析，做出了新的科学判断。这是邓小平理论鲜明的时代精神。

第四，总体来说，邓小平理论形成了新的建设有中国特色社会主义理论的科学体系。它第一次比较系统地初步回答了中国社会主义的发展道路、发展阶段、根本任务、发展动力、外部条件、政治保证、战略步骤、党的领导和依靠力量以及祖国统一等一系列基本问题，指导我们党制定了在社会主义阶段的基本路线。

依据邓小平理论和党在社会主义初级阶段的基本路线，要进一步明确什么是有中国特色社会主义的经济、政治和文化。

——建设有中国特色社会主义的经济，就是要在社会主义条件下发展市场经济，不断解放和发展生产力。这就要坚持和完善社会主义公有制为主体、多种所有制共同发展的基本经济制度；坚持和完善社会主义市场经济体制，使市场在国家调控下对资源配置起基础性作用，坚持和完善按劳分配为主体、多种分配方式并存的分配制度，允许一部分地区一部分人先富起来，带动和帮助后富，逐步走向共同富裕；坚持和完善对外开放，积极参与国际合作和竞争。保证国民经济持续快速健康发展，人民共享经济繁荣成果。

——建设有中国特色社会主义的政治，就是在中国共产党领导下，在人民当家作主的基础上，依法治国，发展社会主义民主政治。

——建设有中国特色的社会主义的文化，就是以马克思主义为指导，以培育有理想、有道德、有文化、有纪律的公民为目标，发展面向现代化、面向世界、面向未来的，民族的科学的大众的社会主义文化。

党的十五大报告指出，在这个时期，建立比较完善的社会主义市场经济体制，保持国民经济持续快速健康发展，是必须解决好的两大课题。

在建立比较完善的社会主义市场经济体制方面，党的十五大报告提出：

（一）调整和完善所有制结构。公有制为主体、多种所有制经济共同发展，是我国社会主义初级阶段的一项基本经济制度。

要全面认识公有制经济的含义。公有制经济不仅包括国有经济和集体经济，还包括混合所有制经济的国有成分和集体成分。公有制的主体地位主要体现在：公有资产在社会总资产中占优势；国有经济控制国民经济命脉，对经济发展起主导作用。

集体所有制经济是公有制经济的重要组成部分。

公有制实现形式可以而且应当多样化。

非公有制经济是我国社会主义市场经济的重要组成部分。

（二）加快推进国有企业改革。建立现代企业制度是国有企业改革的方向。要按照"产权清晰、权责明确、政企分开、管理科学"的要求，使企业成为适应市场的法人实体和竞争主体。

把国有企业改革同改组、改造和加强管理结合起来。

（三）完善分配结构和分配方式。坚持和完善按劳分配为主体、多种分配方式并存的分配制度。把按劳分配和按生产要素分配结合起来，坚持效率优先，兼顾公平，有利于优化资源配置，促进经济发展，保持社会稳定。

（四）充分发挥市场机制作用，健全宏观调控体系。要加快国民经济市场化过程。继续发展各类市场，着重发展资本、劳动力、技术等生产要素市场，完善生产要素价格形成机制。

宏观调控的主要任务，是保持经济总量平衡，抑制通货膨胀，促进重大结构优化，实现经济稳定增长。宏观调控主要运用经济手段和法律手段。

（五）加强农业基础地位，调整和优化经济结构。对经济结构进行战略性调整。这是国民经济发展的迫切要求和长期任务。总的原则是：以市场为导向，使社会生产适应国内外市场要求的变化；依靠科技进步，促进产业结构优化；发挥各地优势，推动区域经济协调发展；转变经济方式，改善高投入、低产出，高消耗、低效率的状况。

坚持把农业放在经济工作的首位，稳定党在农村的基本政策，深化农村改革，确保农业和农村经济发展、农民收入增加。要多渠道增加投入，加强农业基础设施建设，不断改善生产条件。大力推进科教兴农，发展高产、优质、高效农业和节水农业。积极发展农业产业化经营，形成生产、加工、销售有机结合和相互促进的机制，推进农业向商业化、专业化、现代化转变。综合发展农林牧副渔各业，继续发展乡镇企业，形成合理的产业结构。搞好小城镇规划建设。长期稳定以家庭联产承包为主的责任制，完善统分结合的双层经营体制，逐步壮大集体经济实力。改革粮棉购销体制，实行合理的价格政策。建立健全农业社会化服务体系、农产品市场体系和国家对农业的支持、保护体系。

改造和提高传统产业，发展新兴产业和高技术产业，推进国民经济信息化。

促进地区经济合理布局和协调发展。东部地区要充分利用有利条件，在推行改革开放中实现更高水平的发展，有条件的地方要率先基本实现现代化。中西部地区要加快改革开放和开发，发挥资源优势，发展优势产业。国家要加大对中西部地区的支持力度，优先安排基础设施和资源开发项目，逐步实行规范的财政转移支付制度，鼓励国内外投资者到中西部投资。进一步发展东部地区同中西部地区多种形式的联合和合作。

（六）实施科教兴国战略和可持续发展战略。科学技术是第一生产力，科技进步是经济社会发展的决定性因素。把加速科技进步放在经济发展的关键地位，使经济建设真正转到依靠科技进步和提高劳动者素质的轨道上来。

我国是人口众多、资源相对不足的国家，在现代化建设中必须实施可持续发展战略，坚持计划生育和保护环境的基本国策，正确处理经济发展同人口、资源、环境的关系。

（七）努力提高对外开放水平。对外开放是一项长期的基本国策。面对经济、科技全球化趋势，完善全方位、多层次、宽领域的对外开放格局，发展开放型经济。以提高效益为中心，努力扩大商品和服务的对外贸易，优化进出口结构。积极合理有效地利用外资。进一步办好经济特区。

（八）不断改善人民生活。在经济发展的基础上，使全国人民过上小康生活，并逐步向更高的水平前进。加大扶贫攻坚力度，到本世纪末基本解决农村贫困人口的温饱问题。①

### 二、"三个代表"重要思想

2002年，时任党的总书记江泽民在马克思主义的指导下，依据中国特色社会主义实践经验进一步总结，在全国第十六次代表大会上系统地提出了"三个代表"重要思想。

"三个代表"重要思想是马克思列宁主义、毛泽东思想和邓小平理论的继承和发展，是党必须长期坚持的指导思想。

贯彻"三个代表"重要思想，关键在坚持与时俱进，核心在坚持党的先进性，本质在坚持执政为民。

为此，必须使全党始终坚持与时俱进的精神状态，不断开拓马克思主义理论发展的新境界；必须把发展作为党执政兴国的第一要务，不断开创现代建设的新局面；

---

① 《中国共产党第十五次全国代表大会文件汇编》，人民出版社，1997，第9—31页。

必须最广泛最充分地调动一切积极因素，不断为中华民族的伟大复兴增添新力量；必须以改革的精神推进党的建设，不断为党的肌体注入新活力。

为了贯彻"三个代表"重要思想，大会创造性地提出了全面建设小康社会的目标：

——在优先结构和提高效益的基础上，国内生产总值到2020年力争比2000年翻两番，综合国力和国际竞争力明显增强。基本实现工业化，建成完善的社会主义市场经济体制和更具活力、更加开放的经济体系。

——社会主义民主更加完善，社会主义法制更加完备。

——全民族的思想道德素质、科学文化素质和健康素质明显提高，形成比较完善的现代国民教育体系、科学和文化创新体系、全民健身和医疗卫生体系。

——可持续发展能力不断增强，生产环境得到改善。

这次大会确立的全面建设小康社会的目标，是中国特色社会主义经济、政治、文化全面发展的目标，是与加快推进现代化建设相统一的目标，符合我国国情和现代化建设的实际，符合人民的愿望，意义十分重大。

为了全面建设小康社会，大会还在经济建设和经济体制方面提出了一系列的重大任务。

（一）走新型工业化道路，大力实施科教兴国战略和可持续发展战略。坚持以信息化带动工业化，以工业化促进信息化，走出一条科技含量高、经济效益好、资源消耗低、环境污染少、人力资源优势得到充分发挥的新型工业化路子。

（二）全面繁荣农村经济，加快城镇化进程。

（三）积极推进西部大开发，促进区域经济协调发展。

（四）坚持和完善基本经济制度，深化国有经济体制改革。

（五）健全现代市场体系，加强和完善宏观调控。

（六）深化分配制度改革，健全社会保障体系。

（七）坚持"引进来"和"走出去"相结合，全面提高对外开放水平。

（八）千方百计扩大就业，不断改善人民生活。①

---

① 《中国共产党第十六次全国代表大会文件汇编》，人民出版社，2002，第10—30页。

这样，江泽民提出的"三个代表"重要思想，就把邓小平创立的中国特色社会主义理论推进到一个新的历史阶段。

### 三、科学发展观

2007年，时任党的总书记胡锦涛依据马克思主义的一般原理和中国特色社会主义实践的新发展，在党的第十七次全国代表大会上提出了科学发展观。

科学发展观，第一要义是发展，核心是以人为本，基本要求是全面协调可持续，根本方法是统筹兼顾。

——必须坚持把发展作为党执政兴国的第一要务。发展，对于全面建设小康社会、加快推进社会主义现代化，具有决定性意义。

——必须坚持以人为本。全心全意为人民服务是党的根本宗旨，党的一切奋斗和工作都是为了造福人民。

——必须坚持全面协调可持续发展。要按照中国特色社会主义事业总体布局，全面推进经济建设、政治建设、文化建设、社会建设，促进现代化建设的各个环节、各个方面相协调，促进生产关系与生产力、上层建筑与经济基础相协调。

——必须坚持统筹兼顾。要正确认识和妥善处理中国特色社会主义事业中的重大关系，统筹城乡发展、区域发展、经济社会发展、人与自然和谐发展、国内发展和对外开放，统筹中央和地方的关系，统筹个人利益和集体利益、局部利益和整体利益、当前利益和长远利益，充分调动各方面积极性。统筹国内、国际两个大局。

深入贯彻落实科学发展观，要求我们始终坚持"一个中心、两个基本点"的基本路线；积极构建社会主义和谐社会；继续深化改革开放；切实加强和改进党的建设。

依据科学发展观，并适应国内外形势新变化，要在十六大确立的全面建设小康社会目标的基础上对我国发展提出新的更高要求。

——增强发展的协调性，努力实现经济又好又快发展。转变发展方式取得重大进展，在优化结构、提高效率、降低消耗、保护环境的基础上，实现人均国内生产总值到2020年比2000年翻两番。社会主义市场经济体制更加完善。自主创新能力显著提高，科技进步对经济增长的贡献率大幅上升，进入创新型国家行列。居民消费率稳步提高，形成消费、投资、出口协调拉动的增长格局。城乡、区域协调互动发展机制和主体功能区布局基本形成。

——扩大社会主义民主，更好保障人民权益和社会公平正义。

——加强文化建设，明显提高全民族文明素质。

——加快发展社会事业，全面改善人民生活。

——建设生态文明，基本形成节约能源资源和保护生态环境的产业结构、增长方式、消费模式。

为了促进国民经济又快又好发展，党的十七大报告提出了一系列的经济发展战略。

（一）提高自主创新能力，建设创新型国家。

（二）加快转变经济发展方式，推动产业结构优化升级。

（三）统筹城乡发展，推进社会主义新农村建设。

（四）加强能源资源节约和生态环境保护，增强可持续发展能力。

（五）推动区域协调发展，优化国土开发格局。

（六）完善基本经济制度，健全现代市场体系。坚持和完善公有制为主体，多种所有制经济共同发展的基本经济制度，毫不动摇地巩固和发展公有制经济，毫不动摇地鼓励、支持、引导非公有制经济发展，坚持平等保护物权，形成各种所有制经济平等竞争、相互促进的新格局。加快形成统一开放竞争有序的现代市场体系，发展各类生产要素市场，完善反映市场供求关系、资源稀缺程度、环境损害成本的生产要素和资源价格形成机制，规范发展行业协会和市场中介组织，健全社会信用体系。

（七）深化财税、金融等体制改革，完善宏观调控体系。

（八）拓展对外开放广度和深度，提高开放型经济水平。坚持对外开放的基本国策，把"引进来"和"走出去"更好结合起来，扩大开放领域，优化开放结构，提高开放质量，完善内外联动、互利共赢、安全高效的开放型经济体系，形成经济全球化条件下参与国际合作和竞争新优势。深化沿海开放，加快内地开放，提升沿边开放，实现对内对外开放相互促进。加快转变外贸增长方式，立足以质取胜，调整进出口结构，促进加工贸易转型升级，大力发展服务贸易。创新利用外资方式，优化利用外资结构，发挥利用外资在推动自主创新、产业升级、区域协调发展等方面开展的积极作用。创新对外投资和合作形式，支持企业在研发、生产、销售等方面开展国际化经营，加快培育我国的跨国公司和国际知名品牌。积极开展国际能源资源互利合作。实施自由贸易区战略，加强双边多边经贸合作。采取综合措施促进国际收支基本平衡。注意防范国际金融风险。

概括起来，由中国特色社会主义初级阶段的基本路线，到"三个代表"重要思想，再到科学发展观，就是这期间经济发展理念的主要发展过程。

## 第二节

### 实施这个时期经济发展理念的重要意义

第一，在以邓小平为主要代表的中国共产党确立的包括经济发展理念的党在社会主义初级阶段基本路线的指引下，在中国经济发展史上第一次实现了经济持续、稳定、高速和高效益的发展，开辟了全新的局面。

所谓持续，就是在1978年至2011年长达34年的时间内，经济都是正增长的，没有负增长的年份。而在1953年至1977年的25年间却有6年的负增长（详见表4-1）。

表4-1 1953—2022年国内生产总值的变化

| 年份 | 生产指数 / % |
|------|------------|
| 1953 | 115.6 |
| 1954 | 104.2 |
| 1955 | 106.8 |
| 1956 | 115.0 |
| 1957 | 105.1 |
| 1958 | 121.3 |
| 1959 | 108.8 |
| 1960 | 99.7 |
| 1961 | 72.7 |
| 1962 | 94.4 |
| 1963 | 110.2 |
| 1964 | 118.3 |
| 1965 | 117.0 |
| 1966 | 110.7 |

续表一

| 年份 | 生产指数 / % |
|------|-------------|
| 1967 | 94.3 |
| 1968 | 95.9 |
| 1969 | 116.9 |
| 1970 | 119.4 |
| 1971 | 107.0 |
| 1972 | 103.8 |
| 1973 | 107.9 |
| 1974 | 102.3 |
| 1975 | 108.7 |
| 1976 | 98.4 |
| 1977 | 107.6 |
| 1978 | 111.7 |
| 1979 | 107.6 |
| 1980 | 107.8 |
| 1981 | 105.2 |
| 1982 | 109.1 |

续表二

| 年份 | 生产指数 / % |
|------|------------|
| 1983 | 110.9 |
| 1984 | 115.2 |
| 1985 | 113.5 |
| 1986 | 108.8 |
| 1987 | 111.6 |
| 1988 | 111.3 |
| 1989 | 104.1 |
| 1990 | 103.8 |
| 1991 | 109.2 |
| 1992 | 114.2 |
| 1993 | 114.0 |
| 1994 | 113.1 |
| 1995 | 110.9 |
| 1996 | 110.0 |
| 1997 | 109.3 |
| 1998 | 107.8 |

续表三

| 年份 | 生产指数 / % |
|------|-------------|
| 1999 | 107.6 |
| 2000 | 108.4 |
| 2001 | 108.3 |
| 2002 | 109.1 |
| 2003 | 110.0 |
| 2004 | 110.1 |
| 2005 | 110.4 |
| 2006 | 111.6 |
| 2007 | 113.0 |
| 2008 | 109.0 |
| 2009 | 109.4 |
| 2010 | 110.6 |
| 2011 | 109.6 |
| 2012 | 107.9 |
| 2013 | 109.8 |
| 2014 | 107.4 |

续表四

| 年份 | 生产指数 / % |
|:---:|:---:|
| 2015 | 107.0 |
| 2016 | 106.8 |
| 2017 | 106.9 |
| 2018 | 106.7 |
| 2019 | 106.0 |
| 2020 | 102.2 |
| 2021 | 108.4 |
| 2022 | 103.0 |

注：指数按不变价格计算，以上年为100。

资料来源：国家统计局编，《新中国60年》，中国统计出版社，2009，第613页；国家统计局编，《中国统计年鉴（2023）》，中国统计出版社，2023，第36页。

　　经济的稳定增长，可以用多种指标表示。这里仅用经济发展周期的波动强度这个指标，即用各个经济发展周期增长速度最快的波峰年与最慢的波谷年之间的经济增长速度的差异表示，如表4-2所示。

### 表4-2    各个经济周期波峰年与波谷年经济增速的差异

| 经济周期/次 | 波峰年 | 经济增速/百分点 | 波谷年 | 经济增速/百分点 | 二者的差异 | 流动强度 |
|---|---|---|---|---|---|---|
| 1 | 1953 | 115.6 | 1954 | 104.3 | 11.3 | 强波 |
| 2 | 1957 | 121.3 | 1960 | 72.4 | 48.9 | 超强波 |
| 3 | 1964 | 118.3 | 1967 | 94.3 | 24.0 | 超强波 |
| 4 | 1970 | 119.4 | 1975 | 98.4 | 21.0 | 超强波 |
| 5 | 1977 | 111.7 | 1981 | 105.2 | 6.5 | 中波 |
| 6 | 1984 | 115.2 | 1990 | 103.8 | 11.4 | 强波 |
| 7 | 1992 | 114.2 | 1999 | 107.6 | 6.6 | 中波 |
| 8 | 2007 | 113.0 | 2012 | 107.9 | 5.1 | 中波 |

资料来源：《新中国60年》，第613页；国家统计局编，《中国统计摘要（2023）》，中国统计出版社，2023，第34页。

笔者设想，经济周期波谷年与波峰年经济增速的落差有20百分点以上的为超强波周期，10—20百分点的为强国周期，5—10百分点的为中波周期，1百分点左右的为轻波周期。这样，大体说来，改革以前的1953—1978年的26年间共发生了1次强波周期，3次超强波周期。而改革以后1979—2011年的33年间只发生了1次强波周期，3次中波周期。这些数据表明：改革以后波谷年与波峰年经济增速的落差趋于缩小，这意味着经济发展趋于稳定运行。

这期间我国经济又有进一步大幅上升。1953—1978年，我国经济年均 增长速度达到6.2%，这已经是很快的增长速度。但在1979—2011年，我国经济年均增长速度又上升到10.3%，比前一个时期提高了4.1百分点。

这期间经济还实现了高效益的发展，表现在我国社会劳动生产率又显现出大幅上升态势。1953—1978年，我国年均社会劳动生产率增速为3.5%，这个增速并不低。但在1978—2011年，我国年均社会劳动生产率又大幅上升到7.8%。[①]

第二，科技事业获得了突飞猛进的发展，成为这期间

---

① 国家统计局编：《新中国60年》，中国统计出版社，2009，第12页、第679页；国家统计局编：《中国统计摘要（2023）》，中国统计出版社，2023，第177页。

我国经济发展的另一个最重要的特征。在邓小平开创性地提出的科学技术是第一生产力理论的指引下，我国科学技术的发展获得了前所未有的良好的制度环境。

我国科技活动人员由1991年的228.6万人，增长到2008年的497.3万人。其中科学家和工程师由132.1万人增长到343.8万人，研究与试验发展经费由1995年的438.7亿元增长到2008年的4609.3亿元，技术市场交易额由1988年的72.5亿元增长到2010年的3907亿元，专利申请受理量和专利申请授权量分别由1986年的18509件增长到2008年的828328件，由3024件增长到411982件。在这方面尤为突出的成就，是我国自主研发的"嫦娥"一号绕月飞行成功，"神舟"五号、六号、七号载人航天飞行也圆满完成。[①]

第三，这期间以建立社会主义市场经济为目标的改革已经基本实现。

国家对社会生产实行指令性计划，是计划经济的基本特征。1978年，国家对25种主要农产品和120种主要工业

---

① 国家统计局编：《新中国60年》，中国统计出版社，2009，第609页、第614页；国家统计局编：《中国统计摘要（2023）》，中国统计出版社，2023，第28页、第40页。

品都实行指令性计划，表明这期间计划经济体制占主要地位。但到21世纪初，对农产品的指令性计划全部取消，仅有9种农产品实行指导性计划，对工业品仅有12种实行指导性计划，只占工业总产值的4%。

就社会产品的销售看，1978年，生产资料由国家定价的比重为100%，社会商品零售额为97%，农副产品收购总额为96%；到1997年，三者分别下降到4%、5%和15%。1997年以后，这种趋势还将进一步发展。

这些数据表明：这期间我国社会产品生产和销售的主要部门均由市场调节，这是社会主义市场经济已经确立的主要标志。

第四，在邓小平理论（包括发展理念）的指导下，这期间我国经济发展的一个显著特点，就是形成了我国历史上从来没有的大开放局面。

在进出口贸易总额方面，1950—1978年，由41.3亿元人民币增长到355亿元人民币，增长了8.59倍，年均增长7.7%。而1979—2011年，又由454.6亿元人民币增长到236402亿元人民币，增长了519.02倍，年均增长12.7%，比前一个时期提高了5百分点。

在实际利用外资方面，1979—2011年，由17.7亿美元增长到1239.9亿美元，增长了69.1倍。

在对外经济合作方面，完成营业额由1979年的1.2亿美元增长到2011年的1034.2亿美元，增长了860.8倍。[①]

在对外直接投资方面，由2002年的27亿美元增长到2011年的736.5亿美元，增长了26.7倍。[②]

以上各点均属实物型的对外开放。在这期间我国制度性的对外开放也有很大的发展。突出表现在这期间我国已经形成了经济特区—沿海开放城市—沿海经济开放区—内陆开放城市这样一个包括不同层次、不同开放功能的梯度开放格局。

总体来说，这期间我国已经形成了开放型经济。

第五，马克思主义创始人早就提出：人类社会与自然

---

① 国家统计局编：《新中国60年》，中国统计出版社，2009，第609页、第614页；国家统计局编：《中国统计摘要（2023）》，中国统计出版社，2023，第28页、第40页。

② 国家统计局编：《中国统计摘要（2023）》，中国统计出版社，2023，第93页、第102页、第103页。

生态环境是命运共同体，自然生态环境是人类社会经济赖以进行和发展的必不可少的重要条件。这期间经济社会发展的一个重要成果就是在保护自然环境和治理生态环境方面取得了重要进展。这体现在众多方面。比如，2008年，全国自然保护区数量达到了2538个，比2001年增加了987个；自然保护区面积达到14894万公顷，增长了14.7%。再如，2008年，全国工业废水排放达标率为92.4%，比2001年提高了7.2百分点；工业二氧化硫排放达标率为88.8%，提高了27.5百分点，工业烟尘排放达标率达到89.6%，提高了23.3百分点；工业粉尘排放率89.3%，提高了39.1百分点；工业固体废物利用率达到64.3%，提高了12.2百分点；由"三废"利用形成的产值达到1264.1亿元，提高了3.7倍。[①]

第六，改革以来，我国地区之间和城乡之间的经济逐步趋于均衡发展。

新中国成立后，由于历史自然条件、地理位置和生产

---

① 国家统计局编：《新中国60年》，中国统计出版社，2009，第134-135页。

基础等方面的原因，1952年，东部地区工业产值占全国工业总产值的68.3%，而中部地区和西部地区的产值分别只占21.3%和10.4%。其后，由于推行地区经济平衡战略，到1978年，东部地区在工业总产值的占比下降到59.2%，而中部地区和西部地区的占比则上升到25.1%和15.7%。改革以来，由于实行了邓小平提出的促进各地区经济发展的战略（即关于让一部分地区、一部分人先富起来，逐步实现共同富裕的战略），东部地区和中部、西部地区经济发展的差距又趋于扩大。到2000年，东部地区占工业总产值的比重上升到69.7%，中部地区和西部地区的占比分别下降到18.8%和11.5%。但从21世纪开始，相继实施了西部大开发、振兴东北老工业基地、促进中部崛起的战略，地区经济又趋于均衡发展。2008年，东部地区生产总值在国内生产总值中的占比下降到68.9%，中部地区和西部地区的占比分别上升到19.0%和12.1%。[①]

新中国成立初期，我国城镇化水平很低。1949年，我

---

① 国家统计局编：《新中国60年》，中国统计出版社，2009，第7页。

国城镇人口占全国总人口的比重只有10.6%。其后，由于计划经济体制以及与之相联动城乡户籍制度的隔离，城镇化的速度仍然很慢。到1978年，城镇人口在全国人口中的占比也只有17.9%。但改革以后，由于受到市场经济体制改革的促进，这方面的速度大大加快。到2008年，城镇人口的占比迅速上升到45.7%，[1]这意味着城乡经济趋于均衡发展的速度迅速提高。

第七，在邓小平理论指导下，改革以来，我国人民生活水平实现了由贫困到总体小康的历史性跨越，并正在向全面小康的宏伟目标迅速迈进。新中国成立初，我国人民生活水平还挣扎在贫困线上。直到1978年，人民生活水平虽有显著提高，但并没有完全摆脱温饱不足的状态。改革后，人民生活水平迅速由温饱不足走向小康，到2000年已经实现总体小康，并正在向实现全面小康迈进。

从根本上说，这一点突出反映在城乡人民收入的迅速增长上。城镇居民人均可支配收入由1949年的不到100元

---

① 国家统计局编：《新中国60年》，中国统计出版社，2009，第7页。

增长到2008年的15781元。扣除价格上升因素，实际增长了18.5倍，年均增长5.2%。其中，改革以来的1979—2005年，年均增长9.2%。农村居民人均纯收入由1949年的44元增长到2008年的4761元，其中1949—1978年年均增长3.9%，1979—2008年年均增长7.1%。

伴随着城乡居民人均收入的提高，消费结构也趋于改善。这明显反映在城乡居民恩格尔系数的下降上。城市居民和农村居民的恩格尔系数分别由1957年的58.4下降到2008年的37.9、由68.6下降到43.7。

这里还需着重指出，这期间人民生活的改善，还突出表现在农村贫困人口数量的大幅下降上。新中国成立后，农村贫困人口趋于减少，但进展不大。直到1978年，农村贫困人口大约仍有2.5亿人。改革后，这方面有了迅速改变。1978—2007年，农村贫困人口和发生率分别由2.5亿人下降到1479万人，由30.7%下降到1.6%。

需要进一步指出，这期间伴随人均收入水平和人均消费水平的提高，人民的文化生活也有显著的改善。

1978—2011年，研究生、大学本科和专科、普通高中、中等职业教育和初中生的在校学生数分别由1.1万人增长到164.6万人，由85.6万人增长到2308.5万人，由1553.1万人增长到2454.8万人，由212.8万人增长到2205.3万人，由4995.2万人增长到5066.8万人；分别增长了148.6倍、25.9倍、0.6倍、9.4倍和0.14倍。只有小学生在校学生人数由于计划生育导致人口总量的下降，从而造成小学生人数由14624万人下降到9926.4万人，下降了32.1%。[1]

这期间，医疗卫生机构数、床位数和卫生机构工作人员数分别由1978年的16.7万个增长到2011年的95.44万个，204.2万张增长到516万张；由788.3万人增加到861.6万人；分别增长了4.6倍、1.5倍、0.09倍。[2]

还要提到：由于这期间人民收入水平的大幅提高，一些消费层次高的项目和价格高的消费品也融入人民的生活。前者如旅游，1994—2001年，国内旅游人数和旅游费

---

① 国家统计局编：《中国统计摘要（2023）》，中国统计出版社，2023，第181页。

② 同上书，第186–187页。

用分别由5.24亿人次增长到26.41亿人次，由1023.5亿元增

长到19305.4亿元；分别增长了4.04倍和17.9倍。后者如汽

车，1985—2011年，私人汽车由28.5万辆增长到7326.8万

辆，增长了256.9倍。①

　　简要概括，这个时期的经济发展理念就是"一个中心

两个基本点"②"三个代表"重要思想和科学发展观。

---

　　① 国家统计局编：《中国统计摘要（2023）》，中国统计出版社，2003，第144页、第146页。
　　② 指以社会主义现代化建设为中心，坚持四项基本原则和改革开放。

# 第五章

CHAPTER 5

## 新时代中国特色社会主义社会的经济发展理念①（2012—2023年）

---

① 这个新时代要经历很长的时间，但本书的论述只到2023年。

# 第一节

## 新时代中国特色社会主义社会的经济发展理念的内容

新中国成立以后，包括经济发展理念在内的党的指导思想经历了三个时代。第一个时代党的指导思想是毛泽东思想，第二个时代党的指导思想是邓小平理论，第三个时代党的指导思想是习近平新时代中国特色社会主义思想。

这三个时代党的指导思想都是马克思主义的一般原理与中国具体实践相结合的产物，都是中国化的马克思主义。就其根本点来说，三者是相同的。当然，三者在这方面也是随着实践的发展而不断发展的。

但就经济发展理念在这三个时代的地位来说，又有一定的差别。这是与三者面临的时代特点相联系的。从一定意义上说，经济发展理念的地位在第三个时代显得更加重要。这一点是同这个时代特点相联系的。显然，这个时代经济发展在党的全部工作中居于更重要的地位。因此，这个时期的经济发展理念几乎涉及作为这时党的指导思想习近平新时代中国特色社会主义思想的各个方面。这样，在论述这个时代的经济发展理念时，也要论及这诸多方面。

中国由中国特色社会主义进入新时代中国特色社会主义，意味着进入一个新时代。这就需要从理论和实践的结合上回答这个新时代坚持和发展什么样的中国特色社会主义，怎样坚持和发展中国特色社会主义。主要包括新时代中国特色社会主义的总目标、总任务、总体布局、战略布局和发展方向、发展方式、发展动力、战略步骤、外部条件、政治保证等基本问题。

中国共产党全面系统地回答了这个时代问题。

新时代中国特色社会主义思想，主要包括：

（一）坚持和发展中国特色社会主义，总任务是实现社会主义现代化和中华民族伟大复兴，在全面建成小康社会的基础上分两步走，在本世纪中叶建成富强民主文明和谐美丽的社会主义现代化强国。

（二）新时代我国社会主要矛盾是人民日益增长的美好生活需要和不平衡不充分的发展之间的矛盾，必须坚持以人民为中心的发展思想，不断促进人的全面发展、全体人民共同富裕。

（三）中国特色社会主义事业的总体布局是"五位一体"，战略布局是"四个全面"，强调坚持道路自信、理论自信、制度自信、文化自信。

（四）全面深化改革的总目标是完善和发展中国特色社会主义制度，推进国家治理体系和治理能力现代化。

（五）全面推进依法治国的总目标是建设中国特色社会主义法治体系、建设社会主义法治国家。

（六）党在新时代的强军目标是建设一支听党指挥、能打胜仗、作风优良的人民军队，把人民军队建设成为世界一流军队。

（七）中国特色大国外交要推动构建新型国际关系，推动构建人类命运共同体。

（八）中国特色社会主义最本质的特征是中国共产党

领导，中国特色社会主义制度的最大优势是中国共产党领导。党是最高的政治力量，提出新时代党的建设总要求，突出政治建设在党的建设中的重要地位。

实现上述习近平新时代中国特色社会主义的实质内容，必须全面准确贯彻落实中国特色社会主义基本方略：①坚持党对一切工作的领导。②坚持以人民为中心。③坚持全面深化改革。④坚持新发展理念，即创新、协调、绿色、放开、共享的发展理念。⑤坚持人民当家作主。⑥坚持全面依法治国。⑦坚持社会主义核心价值体系。⑧坚持在发展中保障和改善民生。⑨坚持人与自然和谐共生。⑩坚持总体国家安全观。⑪坚持党对人民军队的绝对领导。⑫坚持"一国两制"和推进祖国统一。⑬坚持推动构建人类命运共同体。⑭坚持全面从严治党。

改革开放后，党对我国社会主义现代化建设做出战略安排，提出"三步走"战略目标。解决人民温饱问题、人民生活总体上达到小康水平这两个目标已提前实现。在这个基础上，党提出，到建党一百年时建成经济更加发展、民主更加健全、科教更加进步、文化更加繁荣、社会更加和谐、人民生活更加殷实的小康社会，然后再奋斗三十年，到新中国成立一百年时，基本实现现代化，把我国建成社会主义现代化国家。

为了实现上述战略目标，提出要贯彻新发展理念，建设现代化经济体系。

强调实现"两个一百年"奋斗目标、实现中华民族伟大复兴的中国梦，不断提高人民生活水平，必须坚定不移把发展作为党执政兴国的第一要务，坚持解放和发展社会生产力，坚持社会主义市场经济改革方向，推动经济持续健康发展。

指出我国经济已由高速增长阶段转向高质量发展阶段，正处在转变发展方式、优化经济结构、转换增长动力的攻关期，建设现代化经济体系是跨越关口的迫切要求和我国发展的战略目标。必须坚持质量第一、效益优先，以供给侧结构性改革为主线，推动经济发展质量变革、效率变革、动力变革，提高全要素生产率，着力加快发展实体经济、科技创新、现代金融、人力资源协同发展的产业体系，着力构建市场机制有效、微观主体有活力、宏观调控有度的经济体制，不断增强我国经济创新力和竞争力。

为此，①深化供给侧结构性改革。②加快建设创新型国家。③实施乡村振兴战略。④实施区域协调发展战略。⑤加快完善社会主义市场经济体制。⑥推动形成全面开放新格局。①

2022年召开了党的二十大。在总结党的十九大以来取得各项成就的基础上，在党的根本指导思想方面，党的二十大报告进一步提出：开辟马克思主义中国化时代化新境界。强调只有把马克思主义基本原理同中国具体实际相结合，同中华优秀文化传统相结合，坚持运用辩证唯物主义和历史唯物主义，才能正确回答时代和实践提出的重大问题，才能始终保持马克思主义的蓬勃生机和旺盛活力。

为此，需要继续在实践基础上进行理论创新。首先要把握好习近平新时代中国特色社会主义思想的世界观和方法论，坚持好、运用好贯穿其中的立场观点方法。

为此，必须坚持人民至上，必须坚持自信自立，必须

---

① 《中国共产党第十九次全国代表大会文件汇编》，人民出版社，2017，第10—34页。

坚持守正创新，必须坚持问题导向，必须坚持系统观念，必须坚持胸怀天下。

在继承和创新党的理论的基础上，党的二十大报告提出了新时代新征程中国共产党的使命任务。就是从现在起，中国共产党的中心任务就是团结带领全国各族人民全面建成社会主义现代化强国、实现第二个百年奋斗目标，以中国式的现代化全面推进中华民族伟大复兴。

在新中国成立特别是改革开放以来长期探索和实践的基础上，经过十八大以来理论和实践上的创新突破，党成功推进和拓展了中国式现代化。

中国式现代化是中国共产党领导的社会主义现代化，具有基于自己国情的中国特色。主要是：中国式现代化是人口规模巨大的现代化；中国式现代化是全体人民共同富裕的现代化；中国式现代化是物质文明和精神文明相协调的现代化；中国式现代化是人与自然和谐共生的现代化；中国式现代化是走和平发展道路的现代化。

中国式现代化的本质要求是：坚持中国共产党领导，坚持中国特色社会主义，实现高质量发展，发展全过程人民民主，丰富人民精神世界，实现全体人民共同富裕，促进人与自然和谐共生，推动构建人类命运共同体，创造人类文明新形态。

全面建成社会主义现代化强国，总的战略安排是分两步走：从2020年到2025年基本实现社会主义现代化；从2035年到本世纪中叶，把我国建成富强民主文明和谐美丽的社会主义现代化强国。

到2035年，我国发展的总体目标是：经济实力、科技实力、综合国力大幅跃升，人均国内生产总值迈上新的大台阶，达到中等发达国家水平；实现高水平科技自立自强，进入创新型国家前列；建成现代化经济体系，形成新发展格局；基本实现新型工业化、信息化、城镇化、农业现代化；基本实现国家治理体系和治理能力现代化，全过程人民民主制度更加健全，基本建成法治国家、法治政府、法治社会；建成教育强国、科技强国、人才强国、文化强国、体育强国、健康中国，国家文化软实力显著增强；人民生活更加幸福美好，居民人均可支配收入再上新台阶，中等收入群体比重明显提高，基本公共服务实现均等化，农村基本具备现代生活条件，社会保持长期稳定，人的全面发展、全体人民共同富裕取得更为明显的实质性进展；广泛形成绿色生产生活方式，碳排放达峰后稳中有降，生活环境根本好转，美丽中国目标基本实现；国家安全体系和能力全面加强，基本实现国防和军队现代化。

未来五年是全面建设社会主义现代化国家开局起步的关键时期，主要目标任务是：经济高质量发展取得新突破，科技自立自强能力显著提升，构建新发展格局和建设现代化经济体系取得重大进展；改革开放迈出新步伐，国家治理体系和治理能力现代化深入推进，社会主义市场经济体制更加完善，更高水平开放型经济新体制基本形成；全过程人民民主制度化、规范化、程序化水平进一步提高，中国特色社会主义法治体系更加完善；人民精神文化生活更加丰富，中华民族凝聚力和中华文化影响力不断增强；居民收入增长和经济增长基本同步，劳动报酬提高和劳动生产率提高基本同步，基本公共服务均等化水平明显提升，多层次社会保障体系更加健全；城乡人居环境明显改善，美丽中国建设成效显著；国家安全更为巩固，建军一百年奋斗目标如期实现，平安中国建设扎实推进；中国国际地位和影响进一步提高，在全球治理中发挥更大作用。

全面建设社会主义现代化国家，是一项伟大而艰巨的事业。在前进道路上，必须牢牢把握以下重大原则：坚持和加强党的全面领导；坚持中国特色社会主义道路；坚持以人民为中心的发展思想；坚持深化改革开放；坚持发扬斗争精神。[①]

为了实现全面建设社会主义现代化国家，提出：加快构建新发展格局，着力推动高质量发展。强调高质量发展是全面建设社会主义现代国家的首要任务。为此，①构建高水平社会主义市场经济体制；②建设现代化产业体系；③全面推进乡村振兴；④促进区域协调发展；⑤推进高水平对外开放。

还提出：实施科教兴国战略，强化现代化建设人才支撑。为此，需要①办好人民满意的教育；②完善科技创新

---

①《中国共产党第二十次代表大会文件汇编》，人民出版社，2022，第15—64页。

体系；③加快实施创新驱动发展战略；④深入实施人才强国战略。①

这样，我党就科学总结了新时代以来改革和发展的经验，并指明了实现社会主义现代化的方向。这不仅为今后的改革和发展描绘了清晰的蓝图，而且把习近平新时代中国特色社会主义思想推进到一个新的阶段。

---

① 《中国共产党第二十次全国代表大会文件汇编》，人民出版社，2022，第15-33页。

# 第二节

## 实施这个时期经济发展理念的重要意义

在习近平提出的新发展理念的强有力的推动下，这期间我国经济获得了巨大发展，面目为之一新。

第一，推动中国经济实现了持续、稳定、中高速和高效益的增长，并迈入高质量发展阶段。

中国经济实现了持续稳定增长。其一，在2020—2022年，我国经济尽管受到了空前的新冠肺炎疫情的严重冲击，但仍然实现了逐年的正增长，没有负增长年份，经济增长是持续的。其二，2011年和2020年的经济增速分别为9.6%和2.2%。这表明波峰年与波谷年经济增速的落差为7.4百分点（详见表4-1）。按照本书第四章在这方面设计的标准，这期间只发生了一次中波周期，经济增长是稳定的。

需要着重说明：这期间实现经济持续稳定增长，不仅体现了一般意义上说的社会主义生产关系促进生产力发展的优越性，而且体现了特殊意义上的社会主义生产关系促进生产力发展的优越性。

通常认为，促进社会生产的发展，是社会主义制度优越性的体现。而我国武汉等地抗"疫"斗争的伟大实践充分显示了社会主义优越性的另一个重要方面，即社会主义制度依据其固有的优越性，迅速打赢了这次抗"疫"斗争保卫战，避免了大量被感染人口的死亡。这意味着保护了大量的作为社会主义生产力最重要因素的劳动力。

中国经济实现了中高速增长。1978—2011年，我国经济年均增长速度为9.8%；2012—2022年为6.4%。前者可称为高速增长，后者可称为中高速增长。数据表明：我国经济已从高速增长转入中高速增长。

但需说明：在一定条件下，社会生产的增长速度是趋于减缓的。这期间我国增长速度由过去长期的高速增长转变为中高速增长，正是这一客观发展过程的体现。

　　具体说来，这主要是由于客观存在的潜在经济增长率的下降。所谓潜在经济增长率，就是在一定的社会生产条件下，在一定时期内经济增长速度所能达到的高度。

　　现实经济增长率与潜在经济增长率的关系类似于马克思主义政治经济学中揭示的商品价格与价值的关系。价格是由价值决定的。但由于各种因素（主要是商品的供求关系）的作用，价格是经常变动的。但从长期的发展趋势看，价格总是围绕价值这个中心上下波动的。现实经济增长率与潜在经济增长率的关系亦复如此。各个年度的现实经济增长率与潜在经济增长率也是有差别的，但从较长时期看，前者也是围绕后者这个中心上下波动的。而且从长期看，潜在经济增长率是趋于下降的，现实经济增长率也是趋于下降的。我国经济增长速度由多年的高速增长转入中高速增长，正是这一客观规律作用的表现，是经济发展的正常现象。

　　中国经济实现了高效益增长。

　　尽管这期间受到了新冠肺炎疫情的严重冲击，但仍然实现了高效益增长。在2012—2022年，年均社会劳动生产率仍然提高到9.8%，①比1978—2011年上升了2百分点。

习近平总书记强调高质量发展的重要性。"高质量发展是全面建设社会主义现代化国家的首要任务。……我国要坚持以推动高质量发展为主题。"②

我国经济已迈入高质量发展阶段，主要体现在劳动生产率的提高和现代产业的发展等方面（详见后述）。但是先将我国2021年人均国内生产总值与世界平均高、中、低国家的人均国内生产总值做一比较也是有益的。表5-1的资料表明：2021年，我国人均国内生产总值超过世界平均水平2.6%，但世界高收入国家的人均国内生产总值为我国的3.84倍，中等收入国家只有我国的48.4%，低收入国家只有我国的6.4%。③据此，可以有把握地说，我国经济发展已迈入高质量发展阶段。

① 国家统计局编：《中国统计摘要（2023）》，中国统计出版社，2023，第23-24页、第40页。

②《中国共产党第二十次全国代表大会文件汇编》，人民出版社，2022，第25-26页。

③ 国家统计局编：《中国统计摘要（2023）》，中国统计出版社，2023，第198页。

表5-1　2021年中国人均国内生产总值与
世界各国的比较

| 国家 | 人均国内生产总值 / 美元 |
|------|------------------------|
| 世界 | 12237 |
| 高收入国家 | 48225 |
| 中等收入国家 | 6074 |
| 低收入国家 | 784 |
| 中国 | 12556 |

第二，推动中国科技实现大发展。

习近平总书记指出："实施科教兴国战略，强化现代化建设人才支撑。教育、科技、人才是全面建设社会主义现代化国家的基础性、战略性支撑。必须坚持科技是第一生产力、人才是第一资源、创新是第一动力，深入实施科教兴国战略、人才强国战略、创新驱动发展战略，开辟发展新领域新赛道，不断塑造发展新动能新优势。"①

--------

① 《中国共产党第二十次全国代表大会文件汇编》，人民出版社，2022，第30页、第352页。

在党的领导下，我国科技工作获得了巨大发展。

（一）科技投入大幅增长。全国研究与试验发展的经费支出由2012年的10298亿元增长到2022年的30870亿元。这项支出与国内生产总值之比由1.98%上升到2.55%，居世界第二位。[①]

（二）技术市场蓬勃发展。技术市场的成交额由2012年的6437亿元增长到2022年的47791亿元。

（三）作为科技体制改革的重点领域的143项改革已顺利完成。适应社会主义市场经济发展要求的科技体制已经基本建立。

（四）科技成果丰硕。科技成果的登记数由2010年的42105项增长到2022年的84324项。发明专利申请受理量和授权量分别由2010年的39.1万件增长到2022年的161.9万件，由13.5万件增长到79.8万件；二者分别增长了3.14倍和4.91倍。[②]

这样，在我国科技大发展的基础上，我国创新指数

---

①《党的二十大报告辅导读本》，人民出版社，2022，第350页。
② 国家统计局编：《中国统计摘要（2023）》，中国统计出版社，2023，第177页。

在世界的排名由2012年的第二十二位上升到2022年的第十一位。①

2022年，我国以先进的信息技术为基础的数字经济规模达50.2万亿元，总量稳居世界第二，占GDP比重的41.5%；我国数据中心机架总规模已超过650万标准机架，近5年年均增速超过30%，在用数据中心算力总规模位居世界第二。②

第三，推动高水平社会主义市场经济体制的建立。

这方面的决定因素，就是把市场在社会生产资源配置中的调节作用提高到决定性作用。一般说来，在市场经济中，市场在社会生产配置中起调节作用。习近平总书记依据这个一般原理，从中国的具体情况出发，提出市场调节在我国社会生产资源配置中起决定作用，更好发挥政府作用。③这就将市场调节作用提高到前所未有的高度，并有力地促进了我国高水平社会主义市场经济的建立。

---

① 《党的二十大报告辅导读本》，人民出版社，2022，第350页。
② 数据见《经济日报》和《经济参考报》2023年7月14日。
③ 《党的十九大报告辅导读本》，人民出版社，2017，第21页。

适应这个决定性作用的要求，以公有制为主体、多种所有制共同发展的所有制市场主体体系，包括产品和要素以及对内和对外的市场体系，包括价格和财政金融的宏观调控体系均已形成。总之，改革以来，主要领域的改革已经取得突破性进展，改革的主体框架已经基本确立，并正在进一步向前发展，社会主义市场经济体制已经建立并进一步趋于完善。

第四，推进高水平的对外开放进一步发展。

在实物型的对外开放方面，货物进出口总额由2011年的236402亿元增长到2022年的420678.2亿元，实际使用外资由1239.9亿美元增长到1891.3亿美元，对外承包工程完成营业额由1034.2亿美元增长到1549.9亿美元，三者分别增长了0.78倍、0.53倍和0.49倍。[①]

在制度性对外开放方面，最重要的是体现在国际区域经济合作。

2012年以前建立的各种区域合作组织包括中国—东盟

---

① 国家统计局编：《中国统计摘要（2023）》，中国统计出版社，2023，第92页、第102页、第103页。

自由贸易区、上海合作组织、金砖国家、亚太经济合作组织和二十国集团，在这期间又得到了进一步发展。

其中最突出的是中国—东盟自由贸易区的发展。2010—2022年，双方贸易额从2928亿美元增长到9753亿美元。东盟成为中国第一大贸易伙伴。

在这期间，对外区域经济合作还有新的更大的发展。包括："一带一路"建设的发展；中欧投资协定谈判已经完成；《区域全面经济伙伴关系协定》正式签署；亚洲基础设施投资银行已经建立；非洲大陆自由贸易区已经起步；作为新型次区域合作的澜（即中国澜沧江）湄（即湄公河）合作也已实施。

在这期间，对外开放成就最大的是习近平总书记提出并亲自践行的"一带一路"建设。

他强调："建设丝绸之路经济带、二十一世纪海上丝绸之路，是党中央统揽政治、外交、经济社会发展全局作出的重要战略决策，是实施新一轮扩大开放的重要举措，也是营造有利周边环境的重要举措。形象地说，这'一带一路'就是要再为我们这只大鹏插上两只翅膀，建设好了，大鹏就可以飞得更高更远。这也是我们对国际社会的一个承诺，一定要办好。"①

"一带一路"建设已经取得了重大发展。到2023年6月底，我国累计与152个国家和32个国际组织签署了200多份共建"一带一路"建设合作文件。到2022年3月，同6个国家和地区签署了19个自贸协定，并在实施中取得了卓有成效的硕果。

但在论述中国制度型的对外开放方面，最重要、最根本的内容还是习近平总书记提出的构建人类命运共同体的伟大构想。

这个伟大构想是习近平新时代中国特色社会主义的重要内容。党的十九大报告论及习近平新时代中国特色社会主义思想的内涵和基本方略时已经明确指出了这一点。②

从根本上说，这一点之所以成为习近平新时代中国特色社会主义思想的重要组成部分，是因为它是新时代中国

①《在中央经济工作会议上的讲话（2013年12月10日）》，《习近平关于社会主义经济建设论述摘编》，中央文献出版社，2017。
②《党的十九大报告辅导读本》，人民出版社，2017，第19—25页。

特色社会主义思想内在本质的要求，是社会主义经济制度和政治制度在意识形态领域内的反映，是实现中国特色社会主义制度不可或缺的一翼，是实现这一制度在国际关系方面所必需的制度安排。其主要内容也是由这个根本点决定的。

这个主要内容就是依据平等合作、互利共赢的原则，通过共商、共建、共享，破除旧的国际经济政治秩序，建立新的国际经济政治秩序，构建新的新型国际关系，以建设持久和平、普遍安全、共同繁荣、开放包容、清洁美丽的世界。

任何伟大的思想都有其思想来源。这一伟大构想反映了人类社会共同的价值追求，反映了具有中国特点的中华优秀文化，但其主要来源还是以邓小平为主要代表的中国共产党开创的中国特色社会主义理论。

任何科学理论都是实践经验的总结。这一伟大构想也正是新中国成立以后特别是改革开放以来，我国在这方面的重要实践及其已经取得的巨大成就和经验教训。

马克思主义认为，时代是思想之母。这一伟大构想正是当今时代特征的反映。这一伟大构想形成的前提就是和平与发展已经成为当今世界的主要潮流。当然，这是矛盾的主要方面。与此同时并存的还有矛盾的另一方面，即战争①危险仍然存在，绝不能放松警惕。

这一伟大构想具有重要的现实意义和深远意义。对中国来说，正是在这一伟大构想的指导下，我国对外的政治关系和经济关系步入了一个新时代。对广大的发展中国家来说，这一伟大构想为他们提供了可供借鉴的中国方案。对遏制世界战争的危险性来说，它是一个极其重要的因素。对全人类的长远发展来说，它可能成为全人类走向世界大同的全新道路。当然，即使可能实现这一点，也是数以百年计甚至千年计的长远历程。②

第五，推动我国现代化产业体系的迅速发展。

在第一产业方面，我国农业原来是比较落后的，以手

---

① 这里所说的战争专指世界大战。
② 详见《略论构建人类命运共同体》，《中国浦东干部学院学报》2018年第1期。

工劳动为主。但到2022年，农作物耕种收综合机械化率已经达到73%，基本上改变了以手工农具为主的面貌；而且已经建成了10亿亩高标准农田。这样，粮食产量连续8年稳定在1.3万亿斤以上。[①]同时农产品加工业快速发展，产品物流骨干网络和仓储保鲜冷链迅速形成。这样，农村第一、二、三产业融合发展的格局就迅速形成和发展。

在第二产业方面，我国工业体系完备。我国拥有41个工业大类、207个工业中类、666个工业小类，是全世界唯一拥有联合国产业分类中全部工业门类的国家。[②]

制造业是工业的核心产业。2022年，我国制造业增加值占GDP的比重达27.7%，占全球制造业的比重近30%，连续13年位居世界首位。[③]

还需着重指出，我国工业中的高新技术产业的增速更是惊人！其中航天成功发射由2010年的15次增长到2022

---

① 详见《扎实推进以实体经济为支撑的现代化产业体系建设》，《经济日报》2023年7月6日。

② 详见《现代化产业体系要融合发展》，《经济日报》2023年7月3日。

③ 详见《扎实推进以实体经济为支撑的现代化产业体系建设》，《经济日报》2023年7月6日。

年的63次；2022年我国工业机器人的产量达到44.3万套，装机量占全球的比重超过50%，连续9年居世界首位；新能源汽车由2012年的2万辆猛增到2023年上半年的2000辆。①2021年经济发展的新动能指数比2014年增长了498.8。②

作为二、三产业融合的数字经济的发展速度也令人耳目一新。到2022年，我国数据产量达到8.1EB，居世界第二位；数据存储量达到724.5EB；数字经济规模达到50.2万亿元，也稳居世界第二位。

第六，推动城乡之间和地区之间的经济继续趋于协调发展。

党的十九大提出实施乡村振兴战略。强调要坚持农村优先发展，按照产业兴旺、生态宜居、乡风文明、治理有效、生活富裕的总要求，建立健全城乡融合发展体制机制和政策体系，加快推进农业农村现代化。要巩固和完善农村基本制度，深化农村集体产权制度改革，壮大集体经

---

① 详见《人民日报》2023年7月3日；《经济日报》2023年6月9日；《经济参考报》2023年6月12日；《中国统计摘要（2023）》第13页。

② 详见《经济日报》2023年7月6日。

济。要构建农业现代化产业体系、生产体系、经营体系，健全农业社会化服务体系，健全自治、法治、德治的乡村治理体系。①

党的二十大进一步指出：全面推进乡村振兴。

伴随着这些战略举措的实施，城乡之间的经济进一步均衡发展。其集中表现是城乡居民人均可支配收入差距趋于缩小。表5-2的资料表明：2012—2022年，城镇居民和农村居民的人均可支配收入增长速度分别为130.0%和172.2%，这表明二者的人均可支配收入的差距趋于缩小。

表5-2　2011—2022年城乡居民人均可支配收入
及其增长速度比较

| 年份 | 城镇居民人均可支配收入 | | 农村居民人均可支配收入 | |
|------|------------|------------|------------|------------|
| | 绝对数 / 元 | 增长速度 / % | 绝对数 / 元 | 增长速度 / % |
| 2011 | 21426.9 | 100.0 | 7393.9 | 100.0 |
| 2022 | 49282.9 | 230.0 | 20132.8 | 272.2 |

资料来源：《中国统计摘要（2023）》，第60页。

①《党的十九大报告辅导读本》，人民出版社，2017，第31—32页。

上述数据表明：这期间我国在实现城乡之间的经济均衡发展方面已经取得了重要进展。

同时，我国新型城镇化战略也获得了深入实施。城镇化率由2012年的52.6%上升到2021年的64.7%。到2020年底，城市群地区承载了全国人口3/4的常住人口，贡献了近85%的地区生产总值。[①]

但与此同时，在地区之间的经济实现均衡发展方面也取得了重要进展。

党的十九大和党的二十大相继提出，实现区域协调发展战略和促进区域协调发展战略。推动西部大开发形成新格局，推动东北全面振兴取得新突破，促进中部地区加快崛起，鼓励东部地区加快现代化。推进京津冀协同发展、长江经济带发展、长三角一体化发展，推动黄河流域生态保护和高质量发展、高标准高质量建设雄安新区，推动成渝地区双城经济建设。

这些战略举措推动了东部、中部、西北和东北地区的

---

① 《党的十九大报告辅导读本》，人民出版社，2017，第31-32页、第300-301页。

经济增长。其中尤以中部、西部地区经济增速最快（详见表5-3），而且多年都是如此。这样，中部和西部地区生产总值占国内生产总值的比重分别由2012年的21.3%上升到2021年22.0%，由19.6%上升到21.1%。[①]

表5-3　2022年较2017年东部、中部、西部和东北地区
人均可支配收入增长

| 年份 | 东部 | | 中部 | | 西部 | | 东北 | |
|---|---|---|---|---|---|---|---|---|
| | 收入/元 | 增长/% | 收入/元 | 增长/% | 收入/元 | 增长/% | 收入/元 | 增长/% |
| 2017 | 33414.0 | 100.0 | 21833.6 | 100.0 | 20130.3 | 100.0 | 23900.5 | 100.0 |
| 2022 | 47026.7 | 140.7 | 31433.7 | 143.9 | 29267.4 | 145.4 | 31405.0 | 131.4 |

第七，推动这期间绿色发展取得重大成就。

以下各项有关指标可以表明这一点。2017—2021年，二氧化硫排放量由611万吨下降到275万吨，氮氧化物排放

---

①《党的十九大报告辅导读本》，人民出版社，2017，第34-35页、第218-221页；《党的二十大报告辅导读本》，人民出版社，2022，第28-29页、第300-301页。

量由1348万吨下降到988万吨，颗粒物排放由1285万吨下降到537万吨；一般工业固体废物综合利用量由206117万吨增加到226659万吨；城市生活垃圾利用量由21521万吨增加到24869万吨；国家级自然区保护面积由9475万公顷增加到9821万公顷。[①]

形成上述改善生态环境的因素是多方面的。其中，资源节约是一个重要方面。比如，万元国内生产总值的能源消费量由2011年的0.86万吨标准煤下降到2021年的0.48万吨标准煤。[②]

第八，推动这期间我国人民生活走向共同富裕。

到2020年，全国居民可支配收入，已经达到36883.3元，其中，城镇居民可支配收入达到49282.9元，农村居民可支配收入达到20132.8元；全国居民人均消费支出达到24538.2元，其中，城镇居民人均消费支出达到30390.8元，农村居民人均消费支出达到16632.1元。[③]

---

① 国家统计局编：《中国统计摘要（2023）》，中国统计出版社，2023，第47页。

② 同上书，第80页。

③ 同上书，第55-56页。

如前所述，直到2007年，我国农村贫困人口还有1479万人，到2011年下降到800多万人。但到2022年，农村全部贫困人口都摆脱了贫困状态，历史性地解决了脱贫问题，实现了全国人民走向共同富裕的目标。

伴随着居民人均收入的提高，物质生活和文化生活均有显著改善。

其中，社会消费品零售额由2011年的179803.8亿元增长到2022年的439732.5亿元，增长了144.6%。还要提到，伴随信息技术的发展及其在这方面的运用，网上消费零售额2022年也达到了137853.2亿元，占零售总额的31.3%。

这期间，国内旅游花费总额由2011年的19305.4亿元增长到2022年的20444.0亿元，增长了5.9%。

这期间每十万人口高等教育、高中阶段、初中阶段、小学阶段和学前教育的在校学生数分别由2012年的2335人增长到2022年的3510人，由3411人下降到2895人，由3535人增长到3625人，由7196人增长到7597人，由2736人增长到3276人；分别增长了50.3%，下降了34%，增长了2.5%、5.6%和19.7%。这期间卫生机构人员数由2012年的

911.6万人增长到2022年的1441.1万人，增长了58.1%。[1]

　　简要概括，这个时期的新发展理念就是习近平总书记提出的创新、协调、绿色、开放、共享。

---

　　[1] 国家统计局编：《中国统计摘要（2023）》，中国统计出版社，2023，第140页、第142页、第143页、第184页、第187页。

# 结　论

上述分析表明：只有把马克思主义的普遍真理与中国的具体实践和时代特征结合起来，才能实现马克思主义的中国化和时代化，才能提出正确的路线（包括经济发展理念），经济才能获得健康发展。笔者在本书第一、第二、第四、第五章分析的就是这方面的情况。

但是，如果仅仅制定了正确的路线，而没有得到执行，或者在执行中变了样，那不仅得不到预想的结果，还会走向片面，造成重大灾难。"大跃进"时期就出现了这种情况。就"鼓足干劲，力争上游，多快好省"的社会主义建设总路线来说，反映了急于改变我国经济文化落后状况的愿望，在执行中却完全变了样，成为急躁冒进的"左"的实践，造成了巨大的灾难！

至于后面提出的整个社会主义历史阶段的基本路线，则是完全违反事实的，直接导致了"文化大革命"，造成了极为严重的灾难！

这是两次极为严重的教训，值得后人永志不忘！

在中国进入新时代中国特色社会主义之后，习近平总书记在党的十九大、十九届六中全会提出的"十个明确""十四个坚持""十三个方面成就"以及他在党的二十大上提出的"六个必须坚持"，[①]精准地反映了习近平新时代中国特色社会主义思想的主要内容和科学体系。

在习近平新时代中国特色社会主义思想指引下，我国在新时代取得了历史性成就，发生了历史性变革！必将夺取全面建设社会主义现代化国家新胜利！全党和全国人民必须坚持习近平新时代中国特色社会主义思想指导地位不动摇！

这是一条最重要的基本经验。

---

① 中共中央宣传部：《习近平新时代中国特色社会主义思想学习纲要》，学习出版社、人民出版社，2019，第9页。

# 后　记

本书试图从经济发展理论这个侧面揭示中国经济发展的原因。同时，也配合了笔者已出版的著作《中国经济70年》。

撰写本书过程中，得到了我的家人（包括我的妻子刘海英和孩子刘立峰、周燕）在各方面的帮助。

本书的不足之处，诚恳希望得到学界同仁的批评指正。

作者　汪海波

2023年8月11日